LIVRE DE COLORIAGE

ANATOMIE

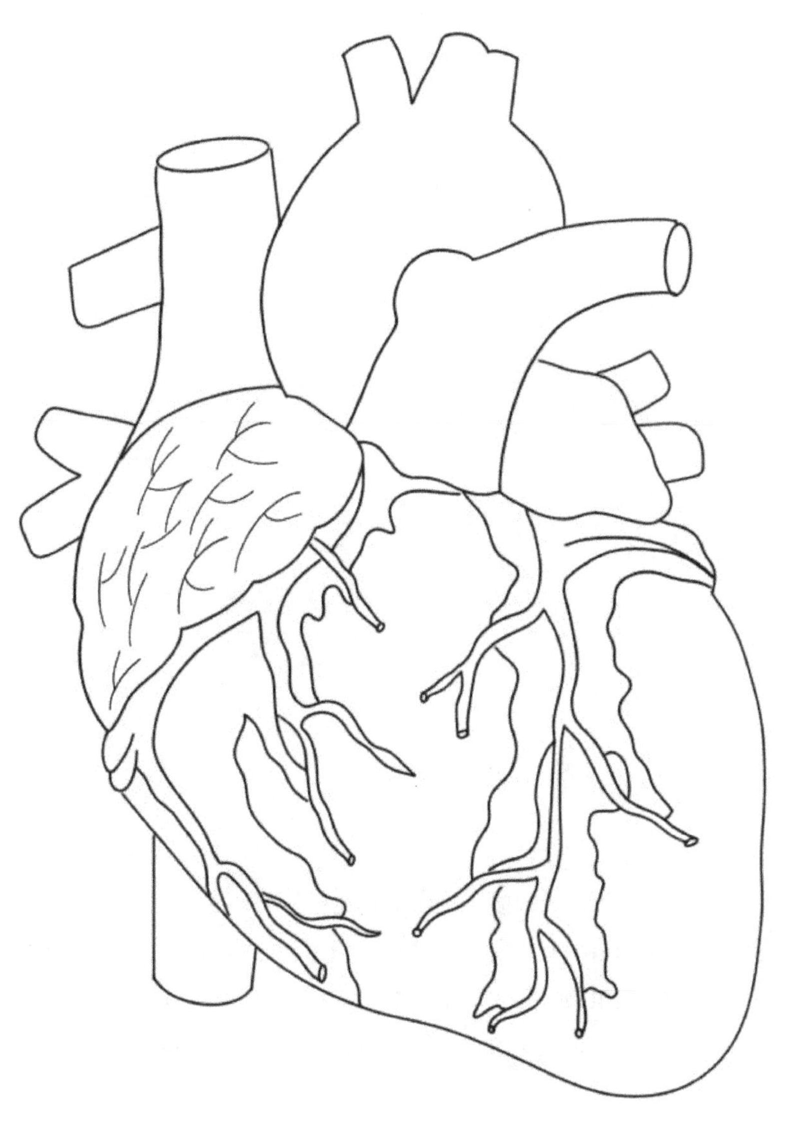

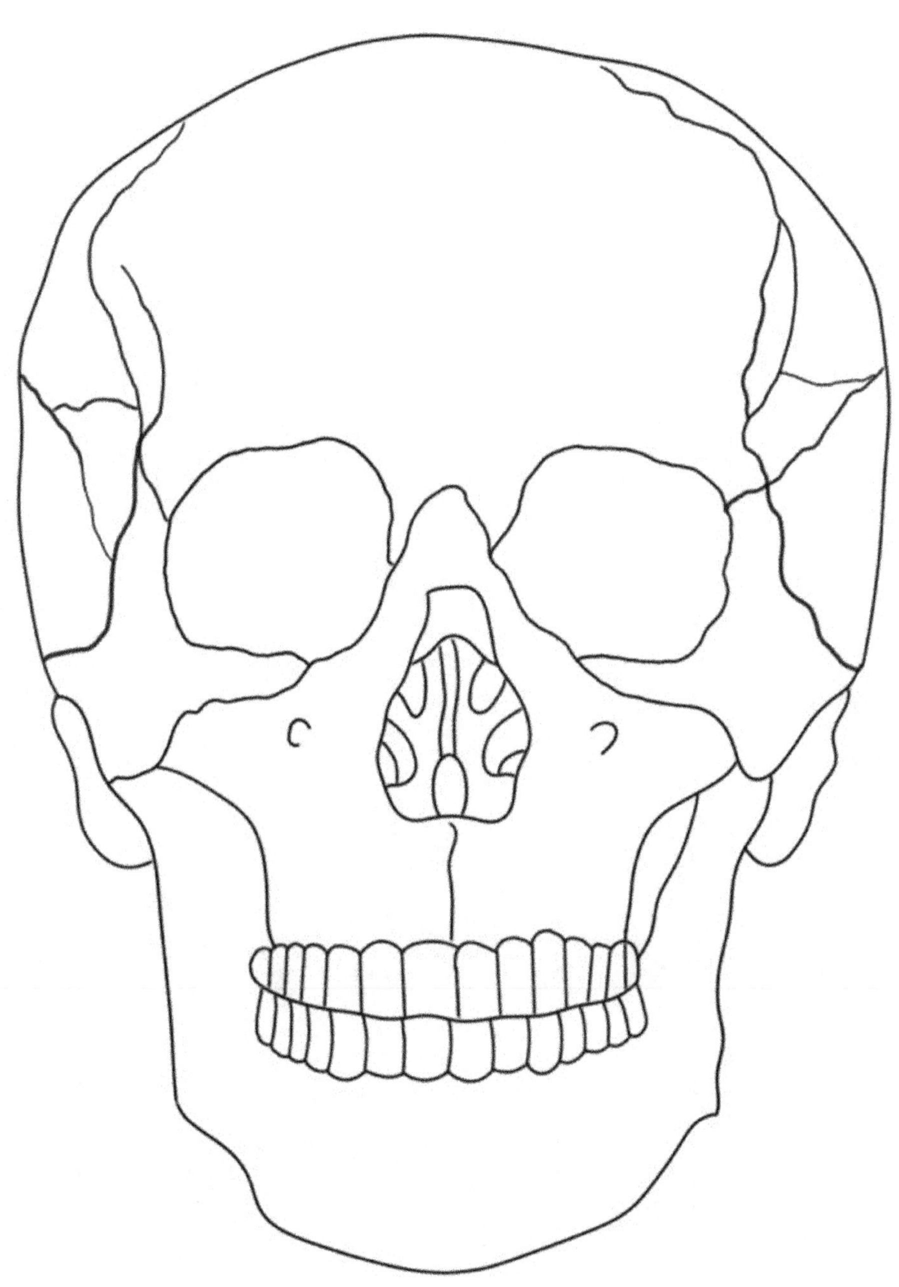

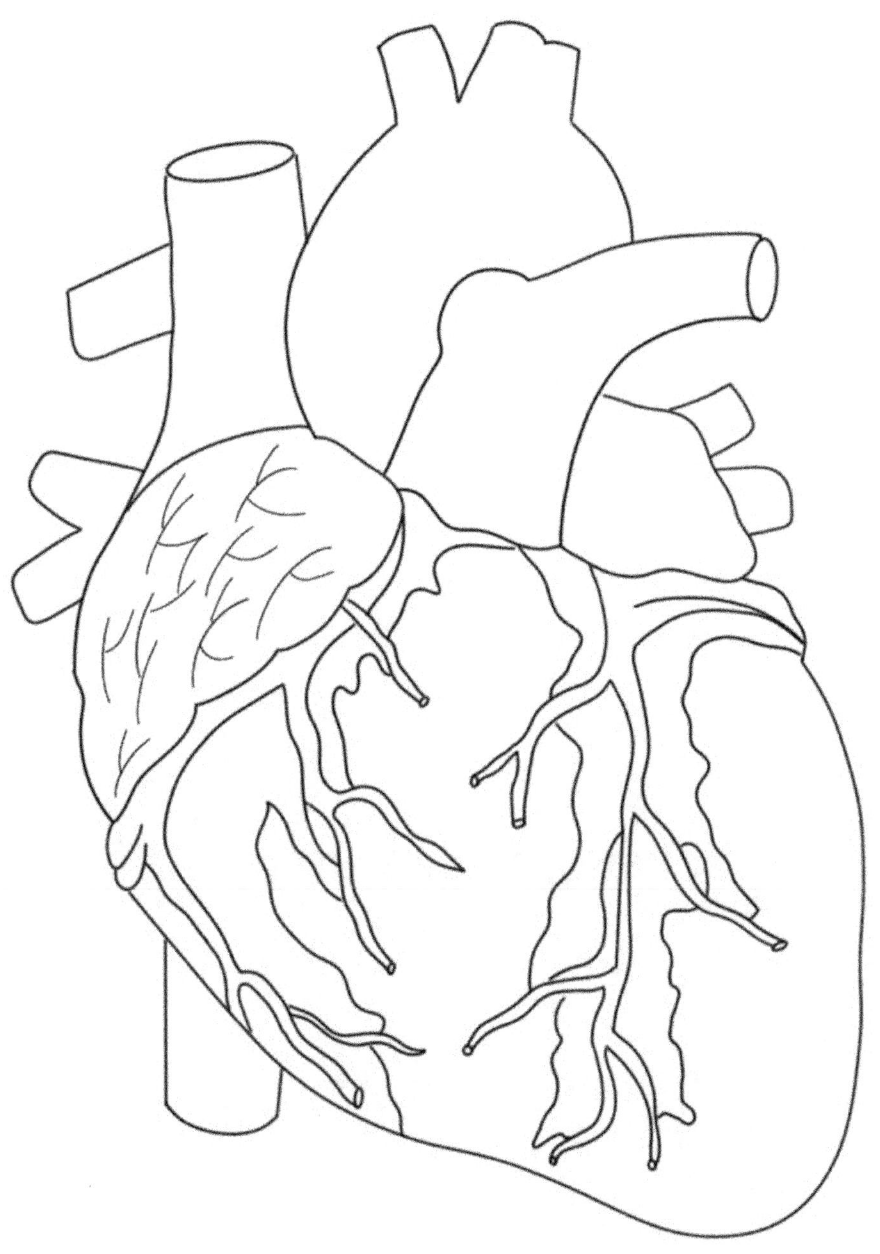

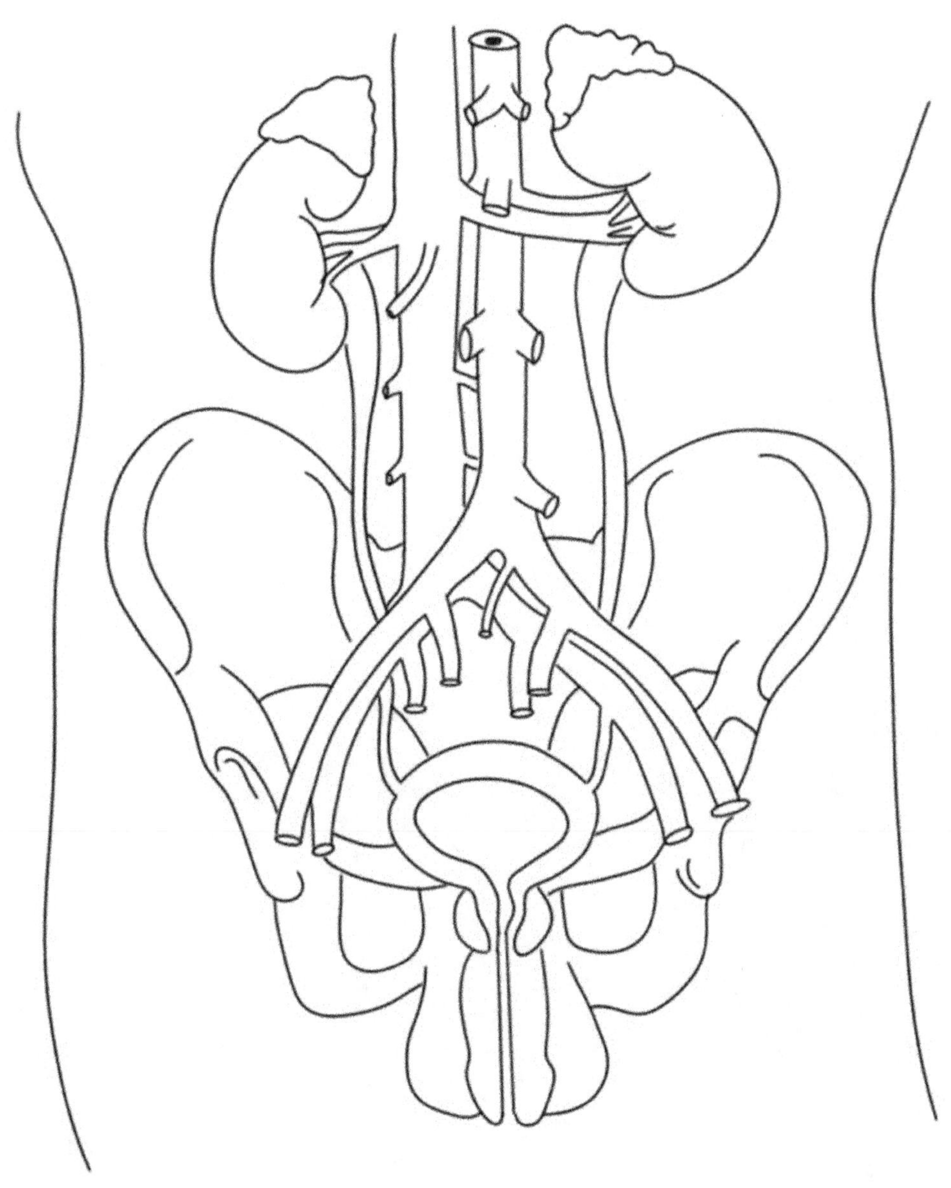

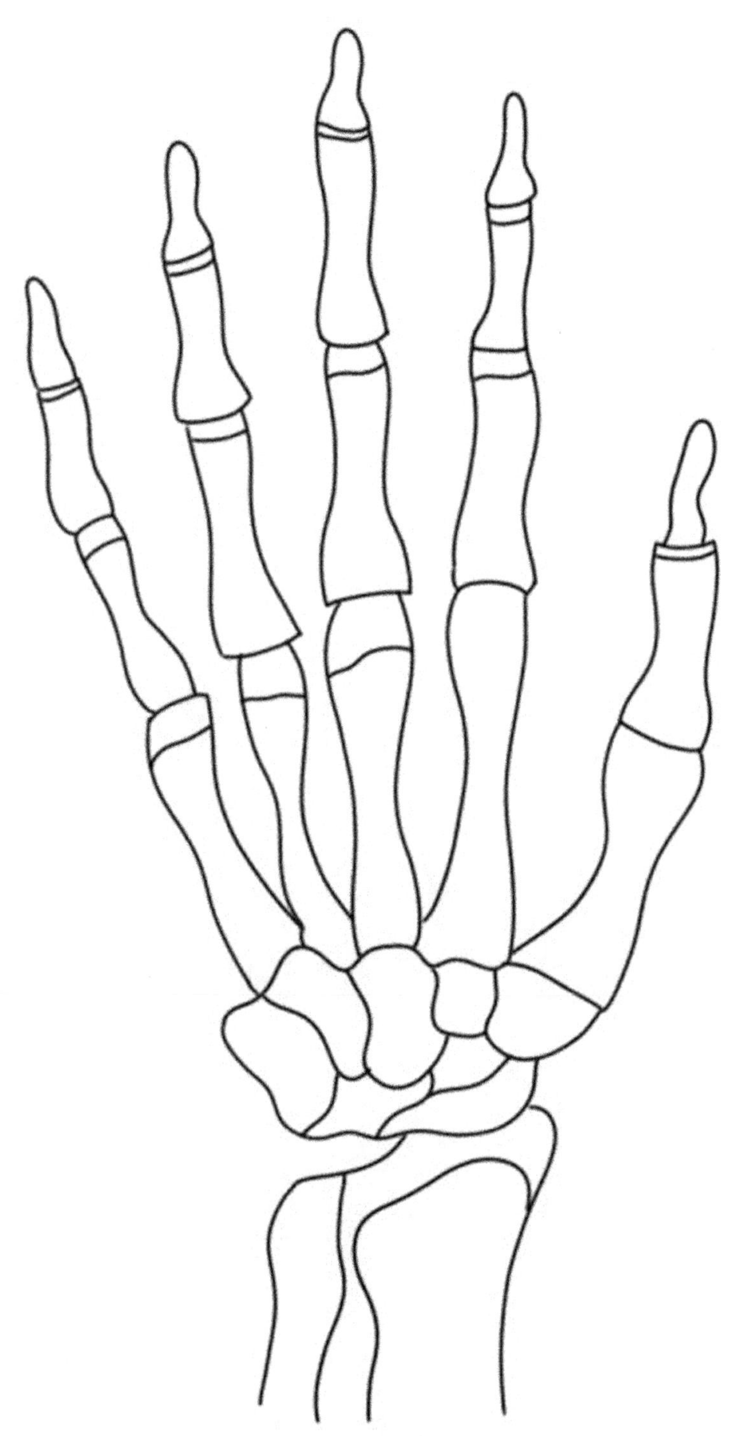

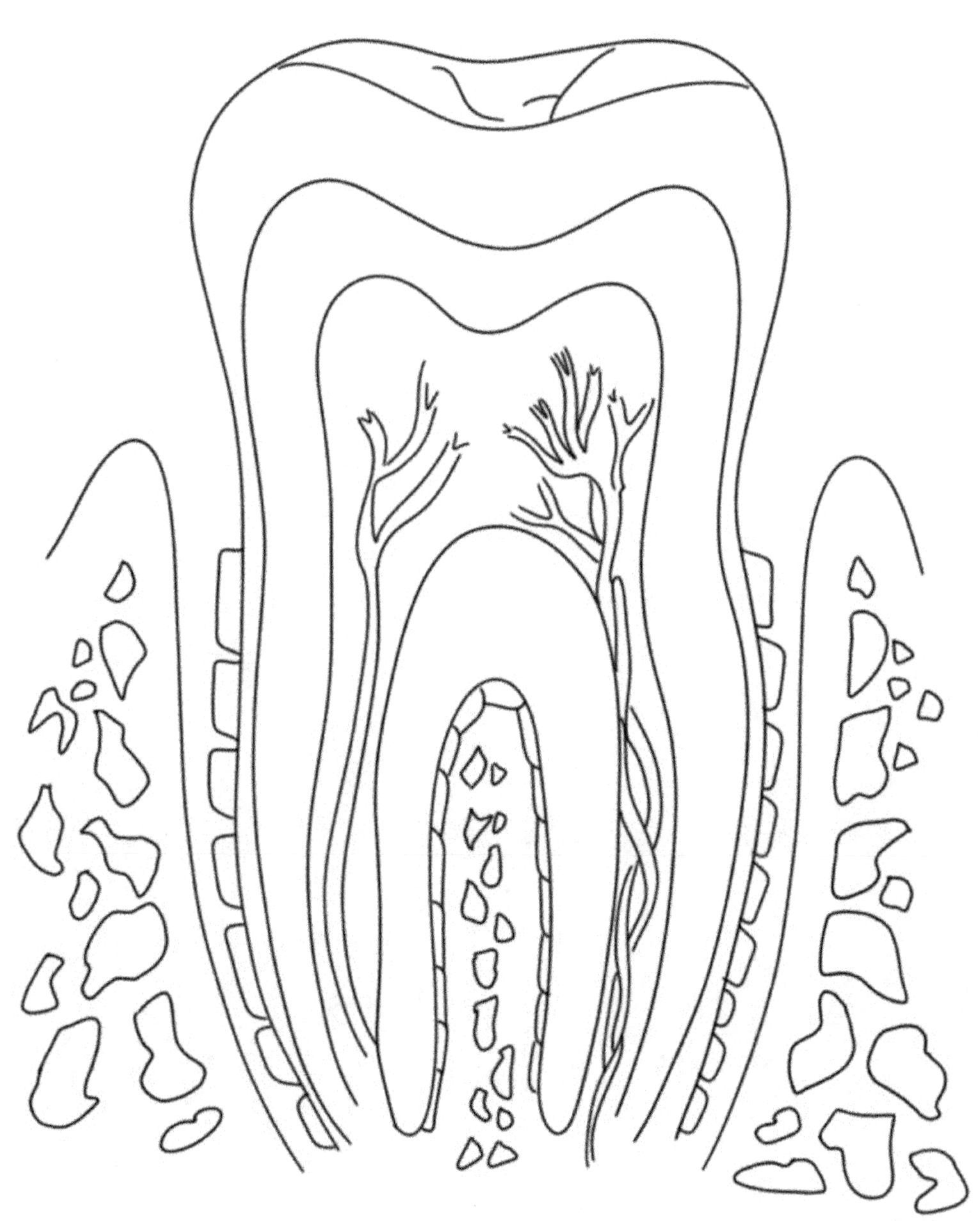

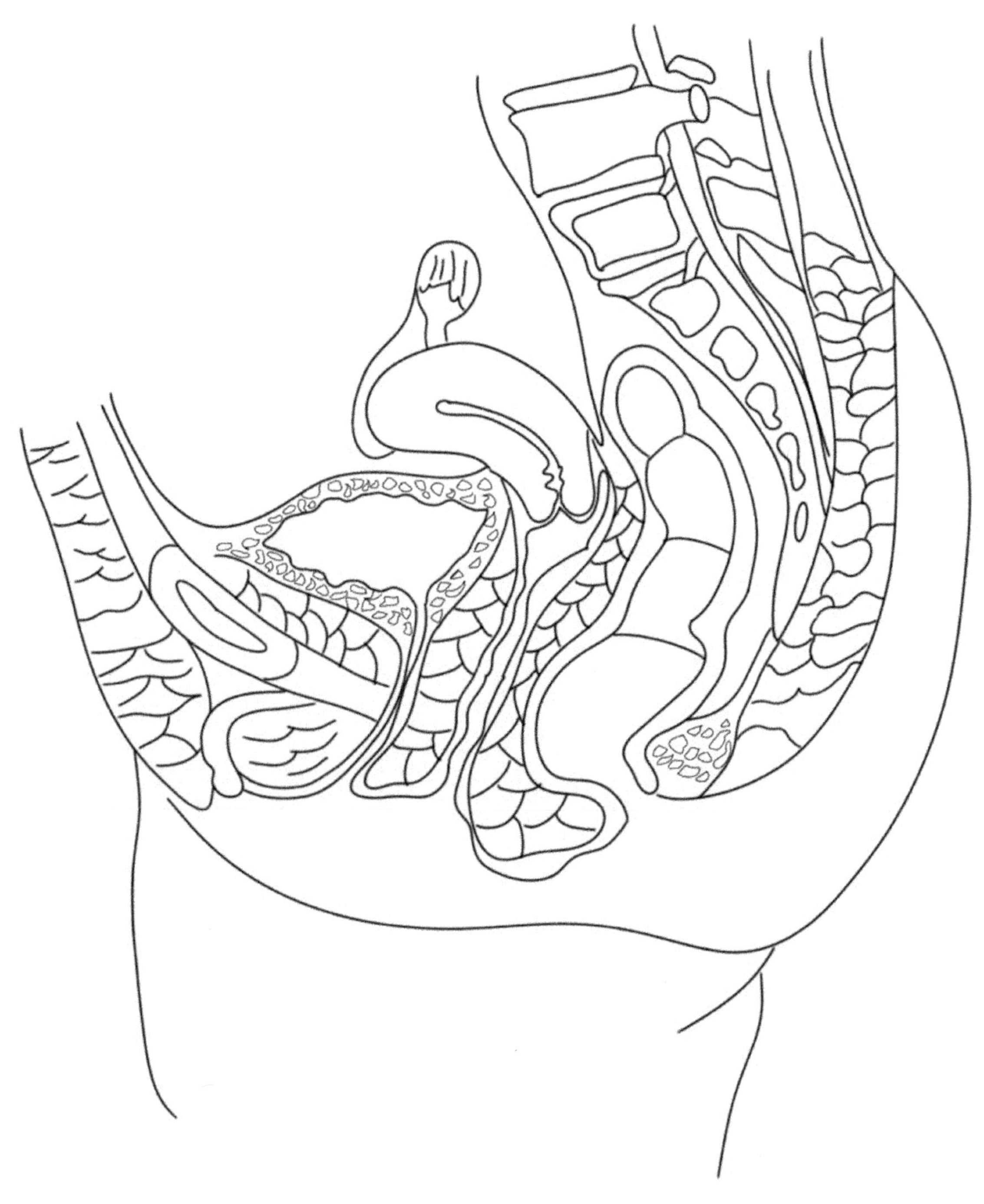

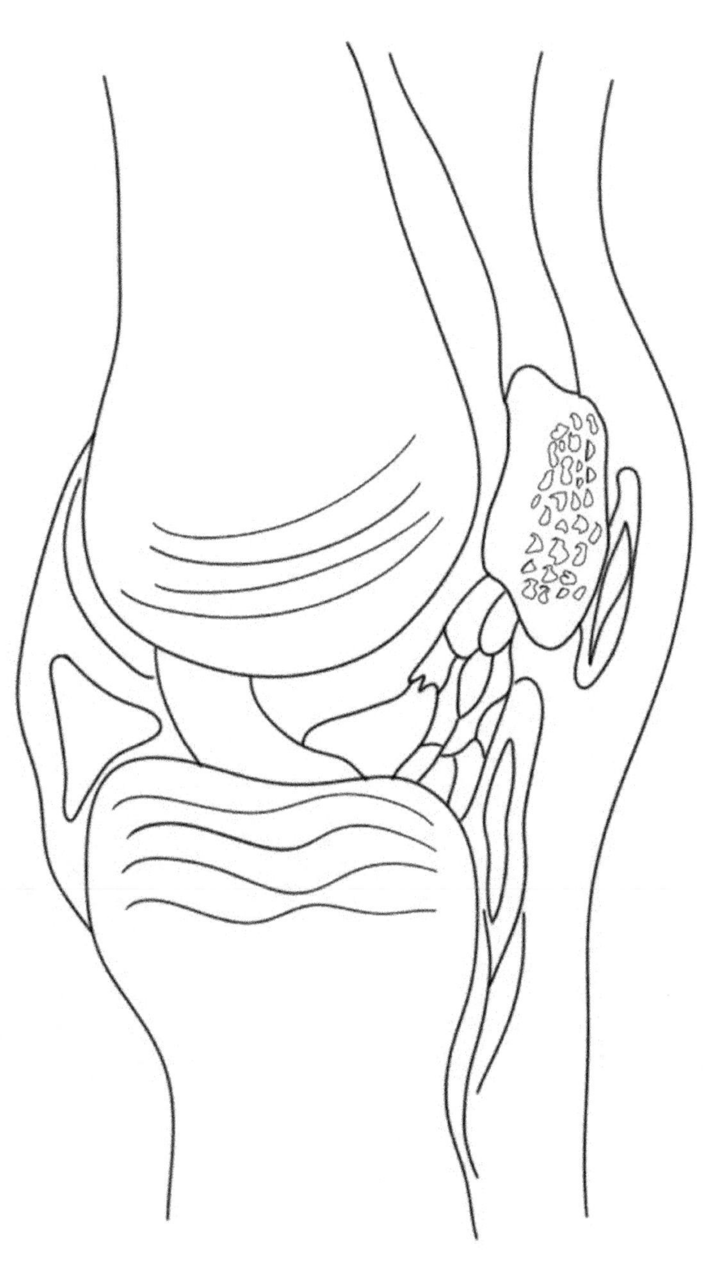

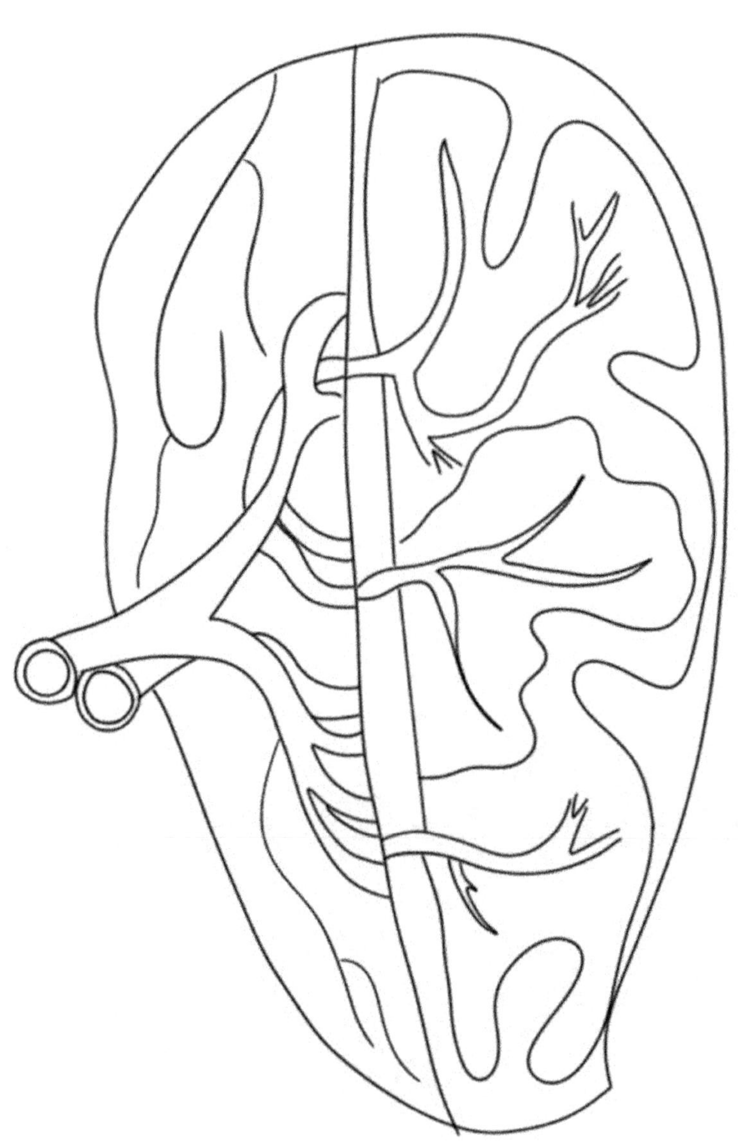

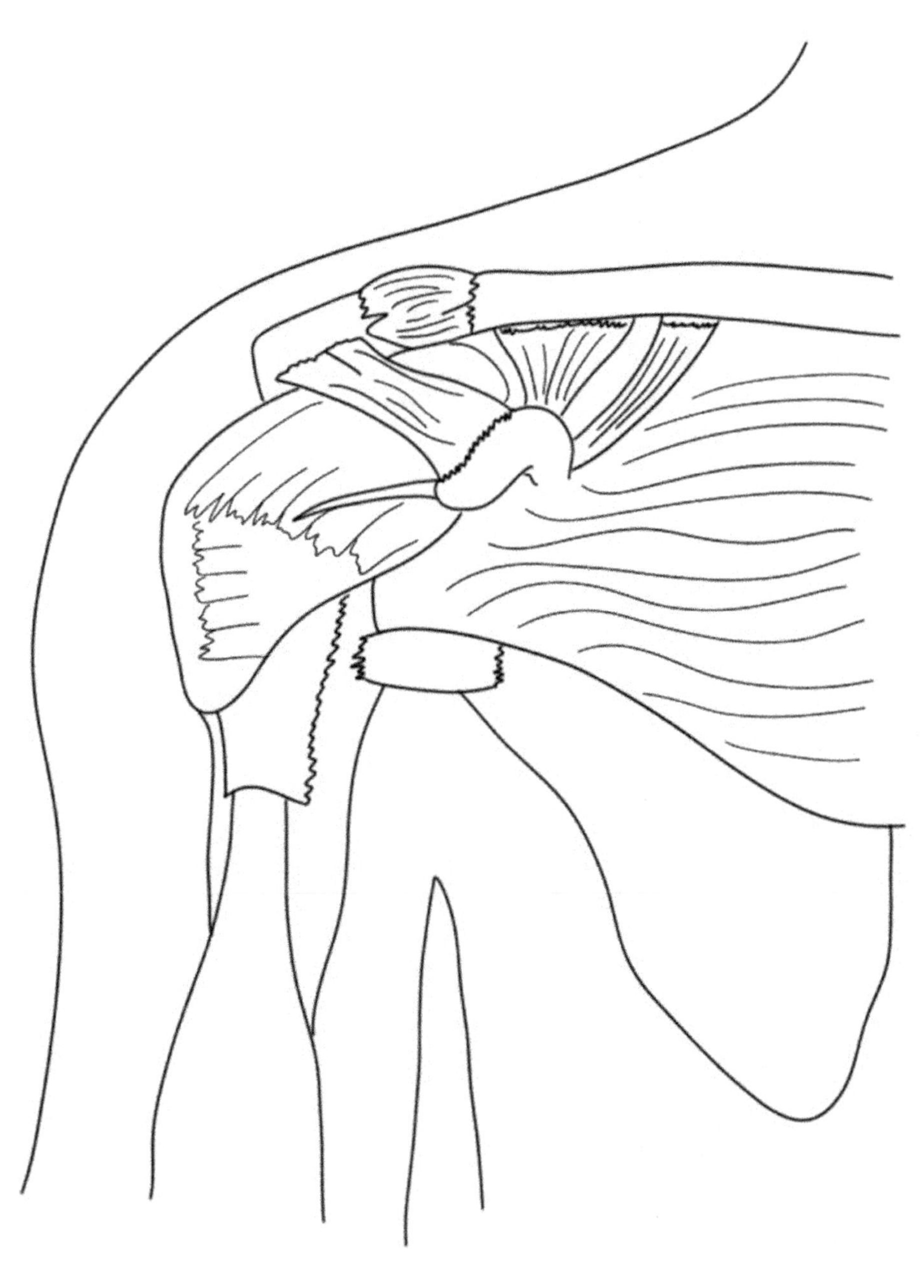

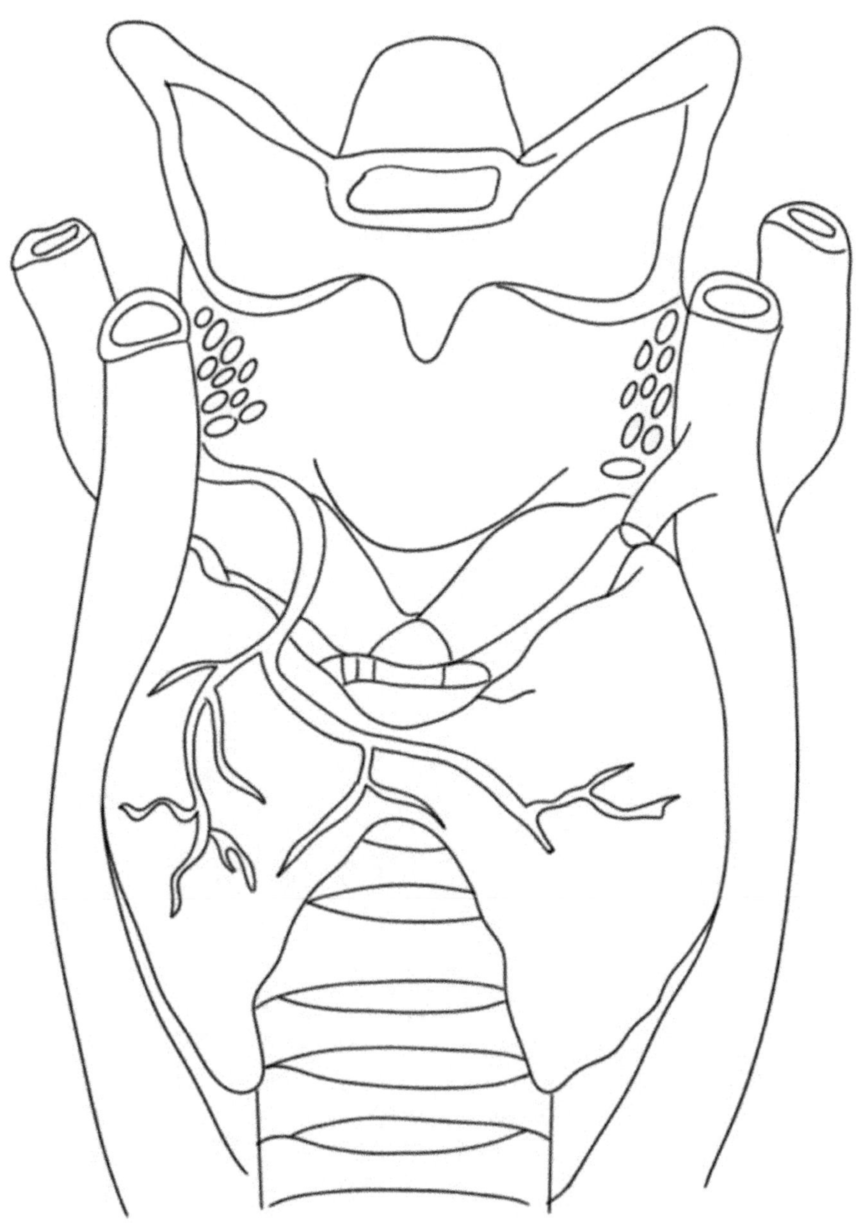

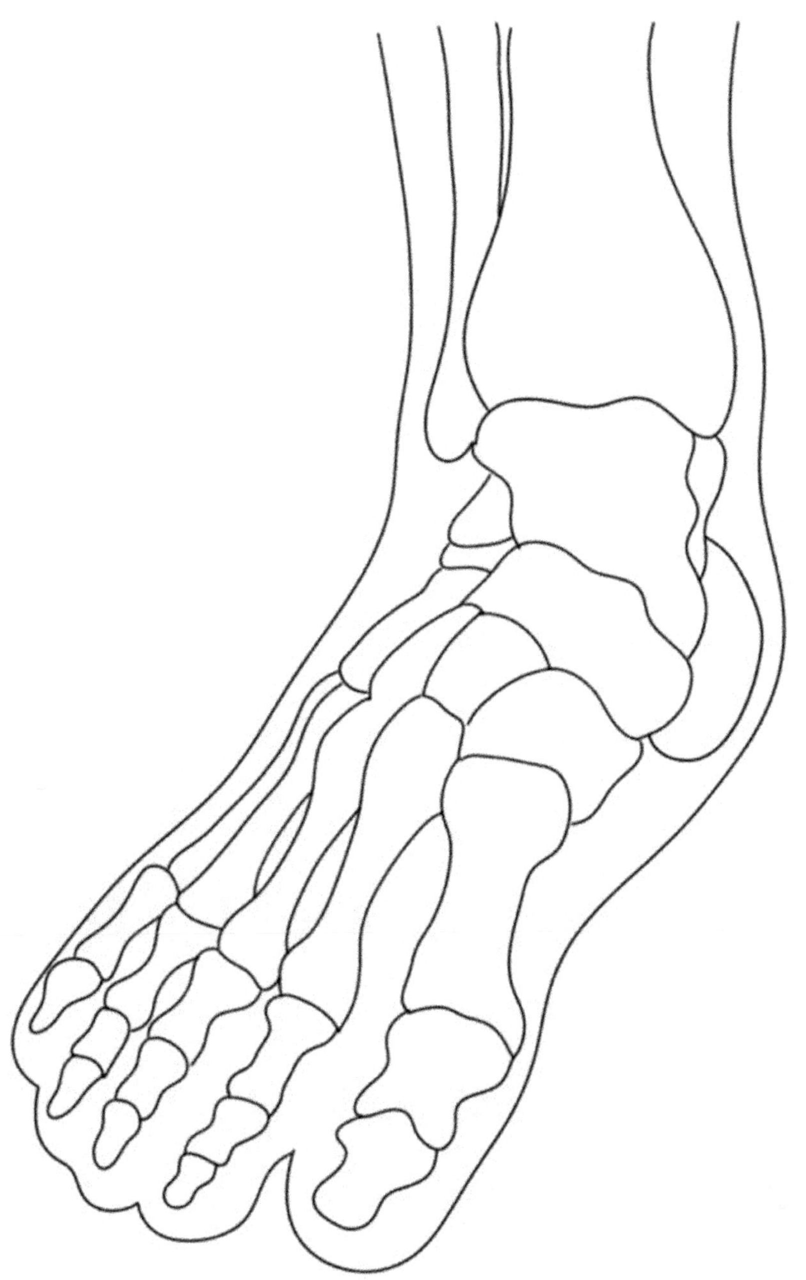

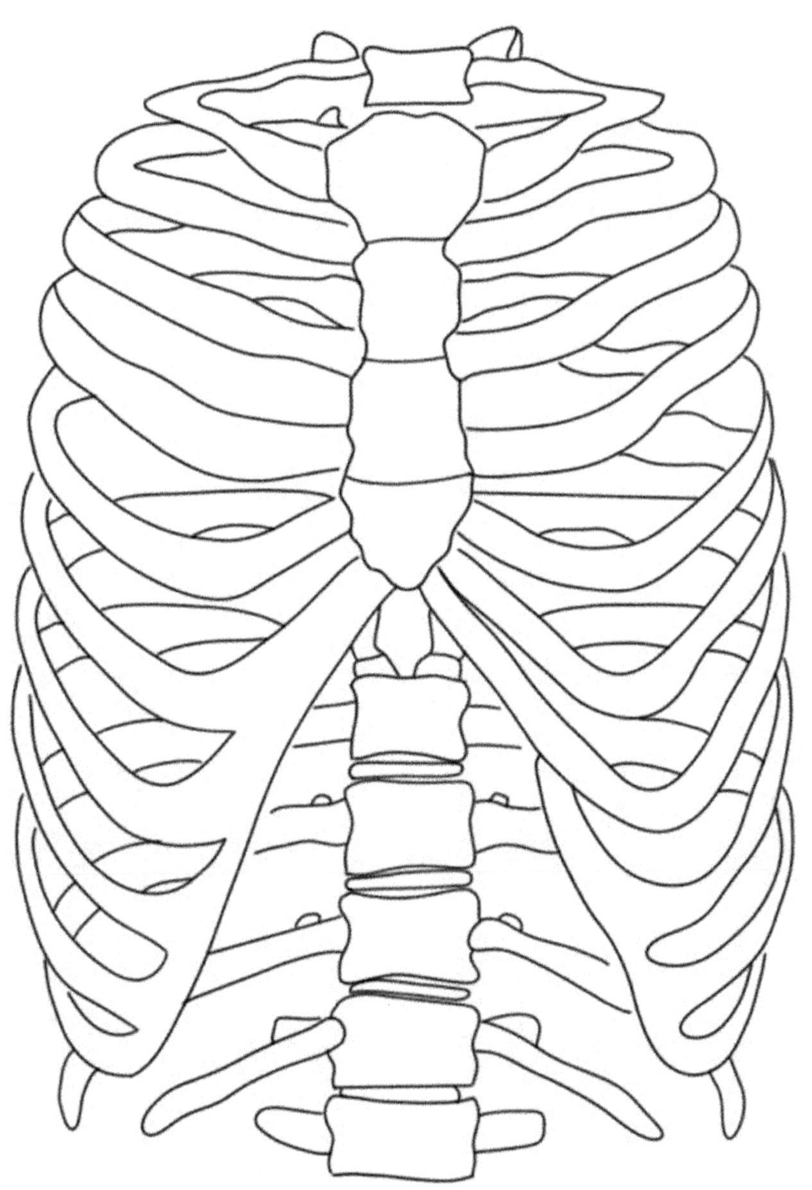

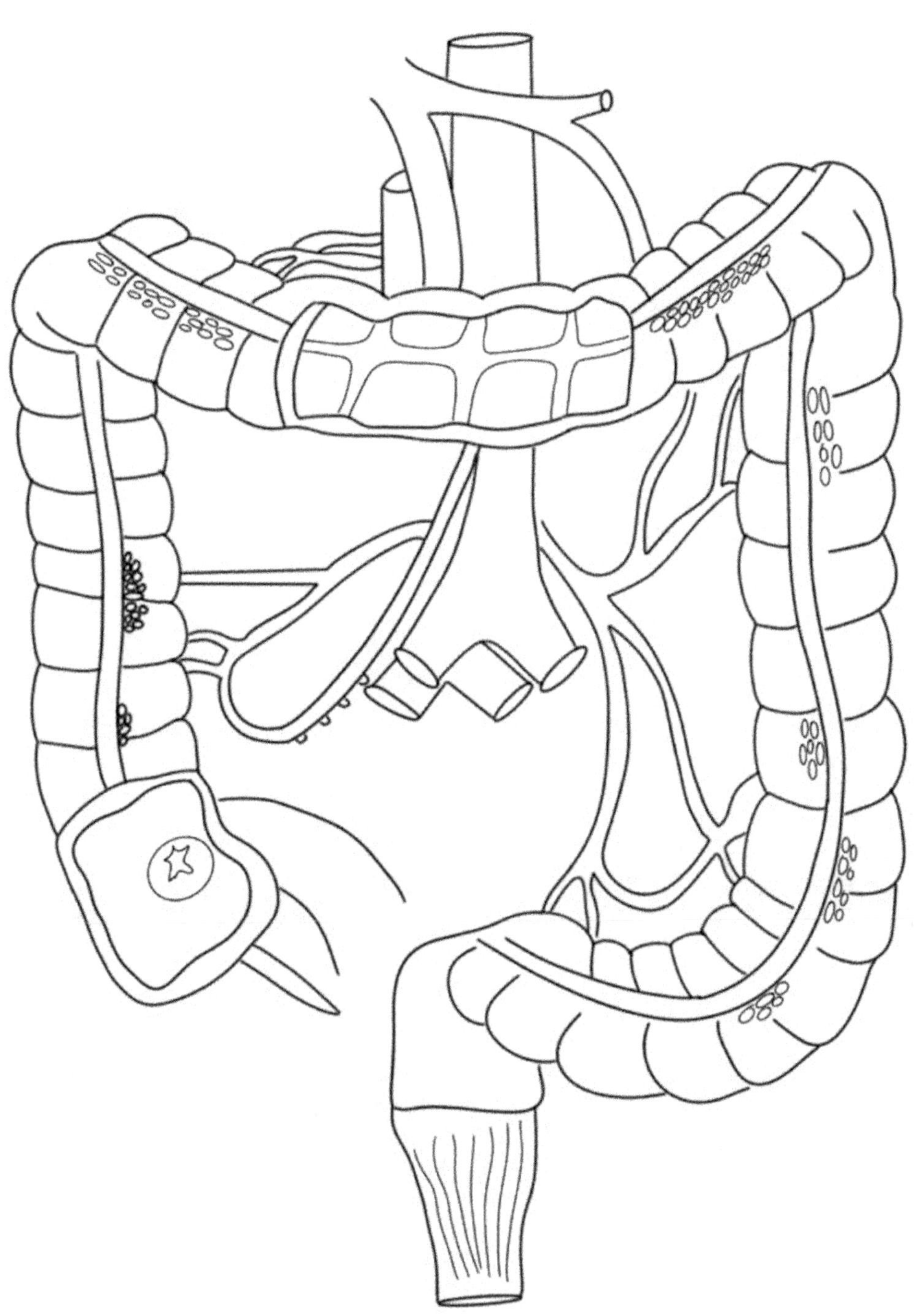

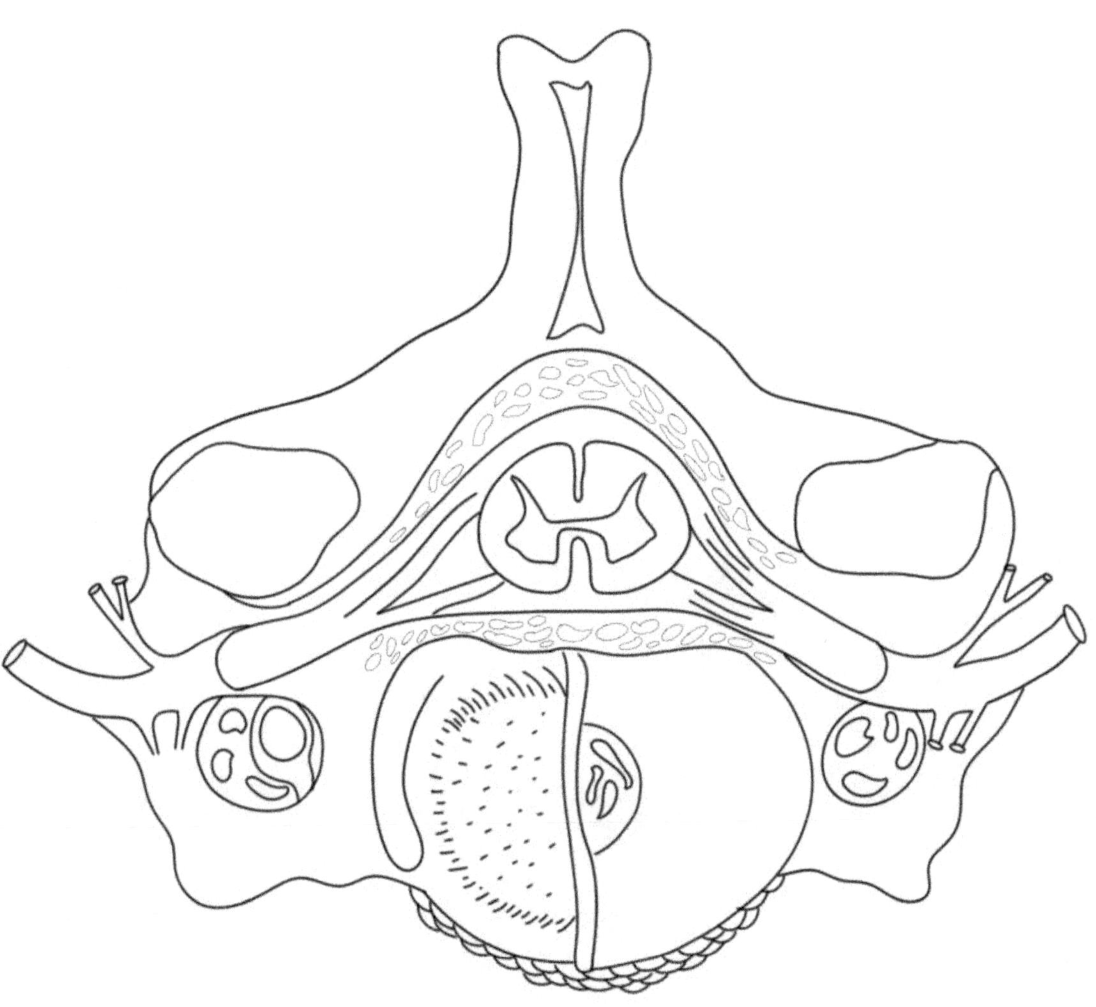

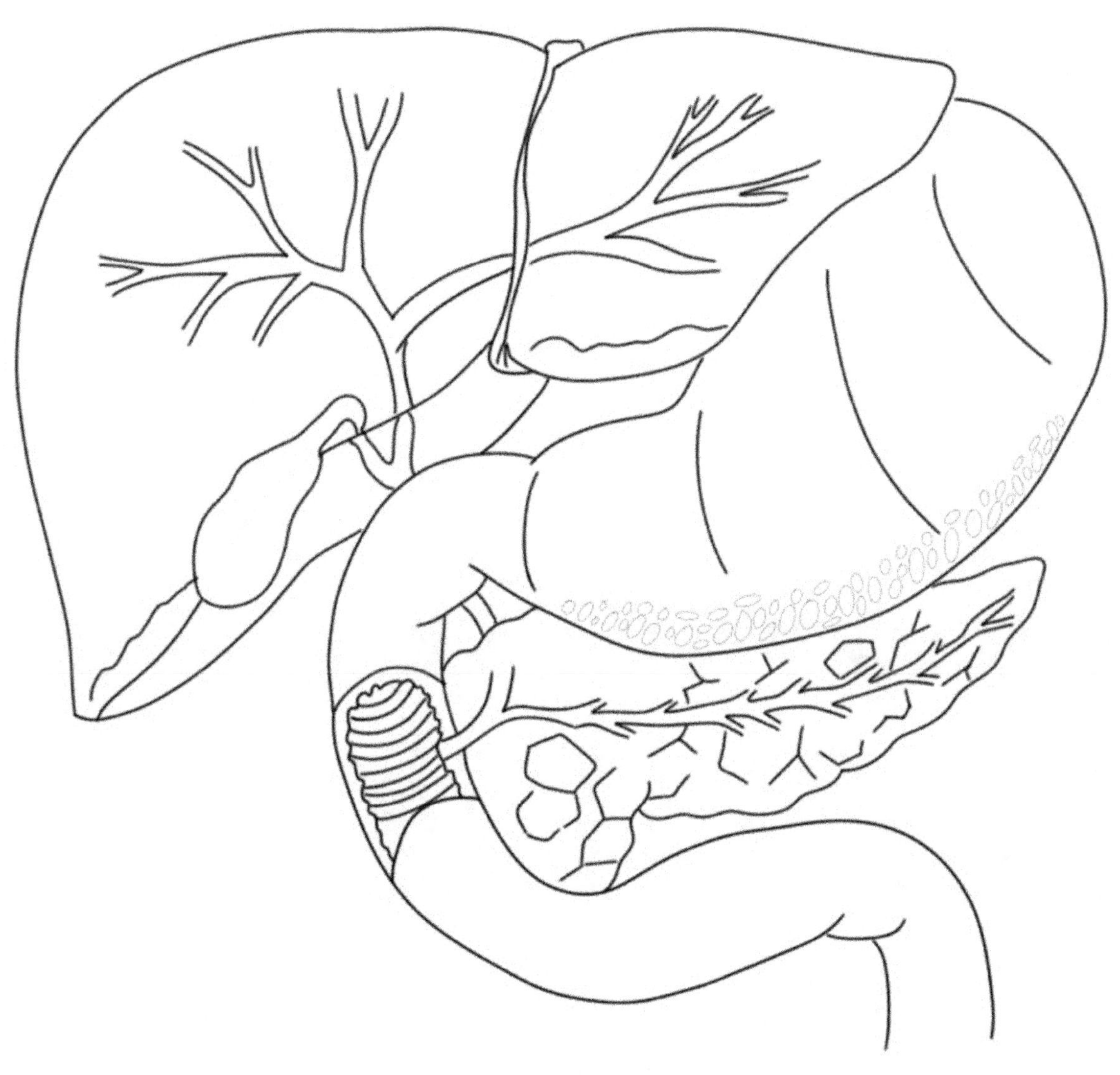

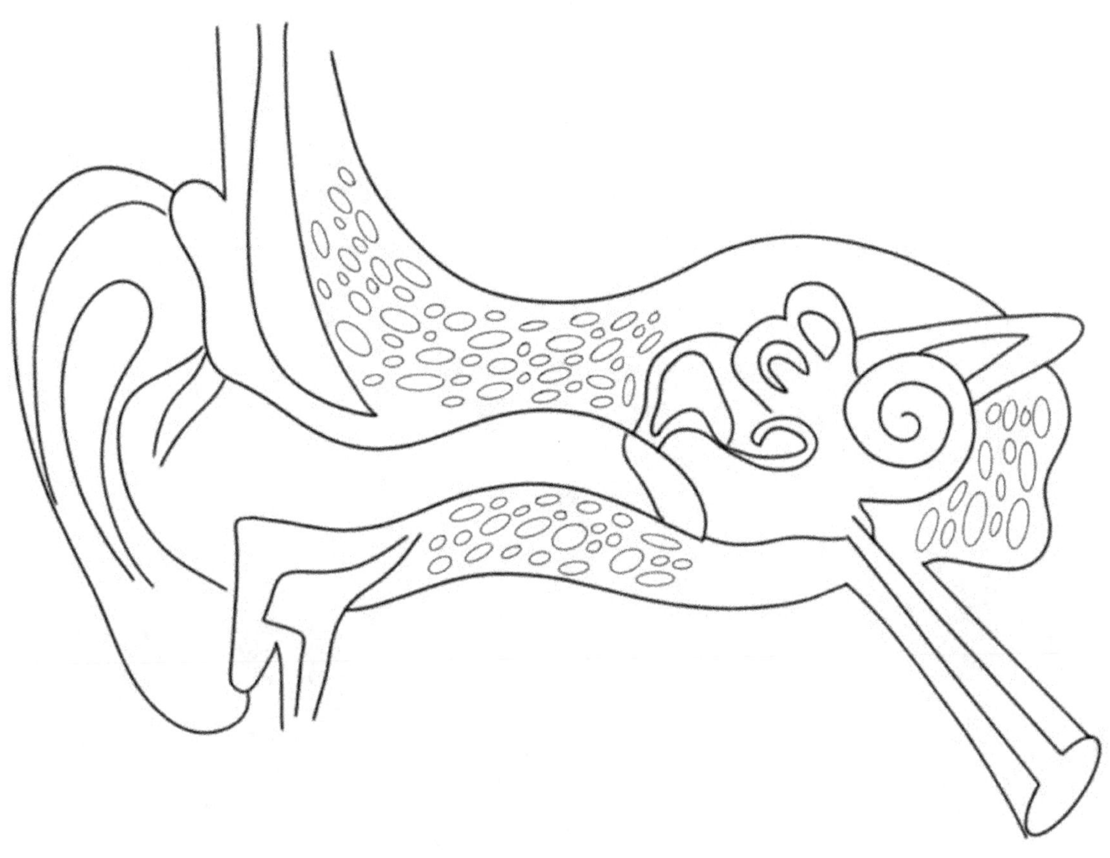

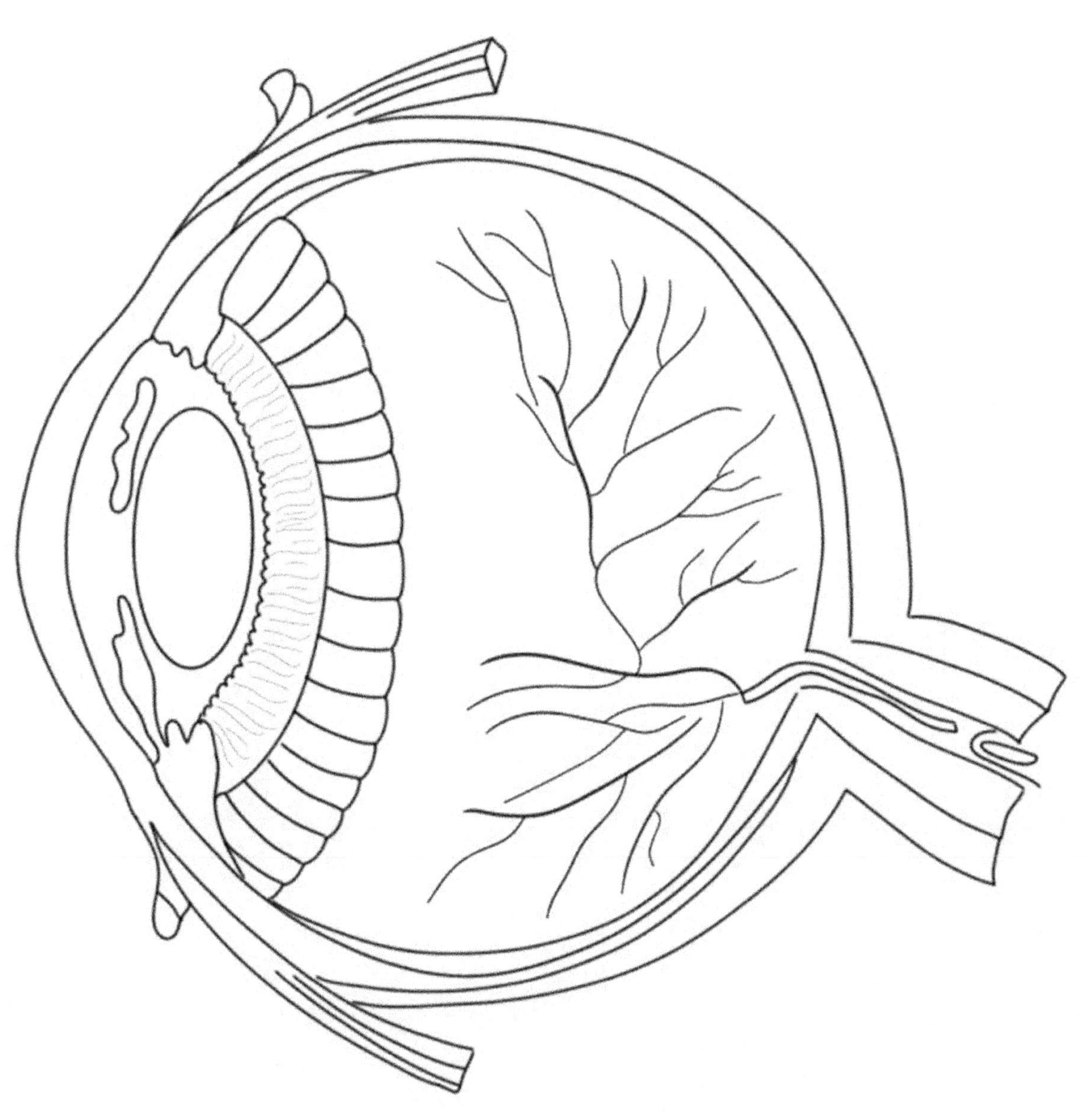

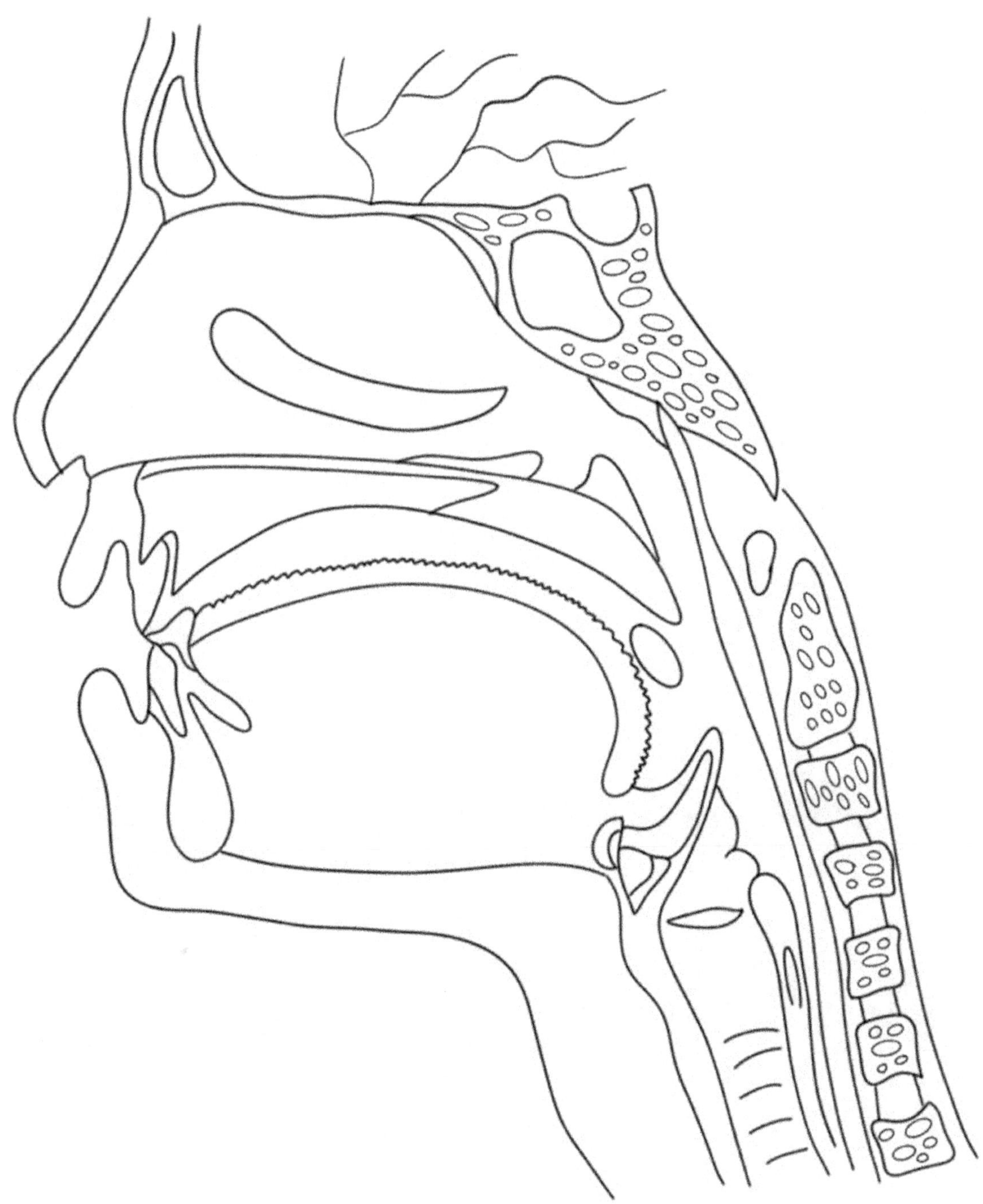

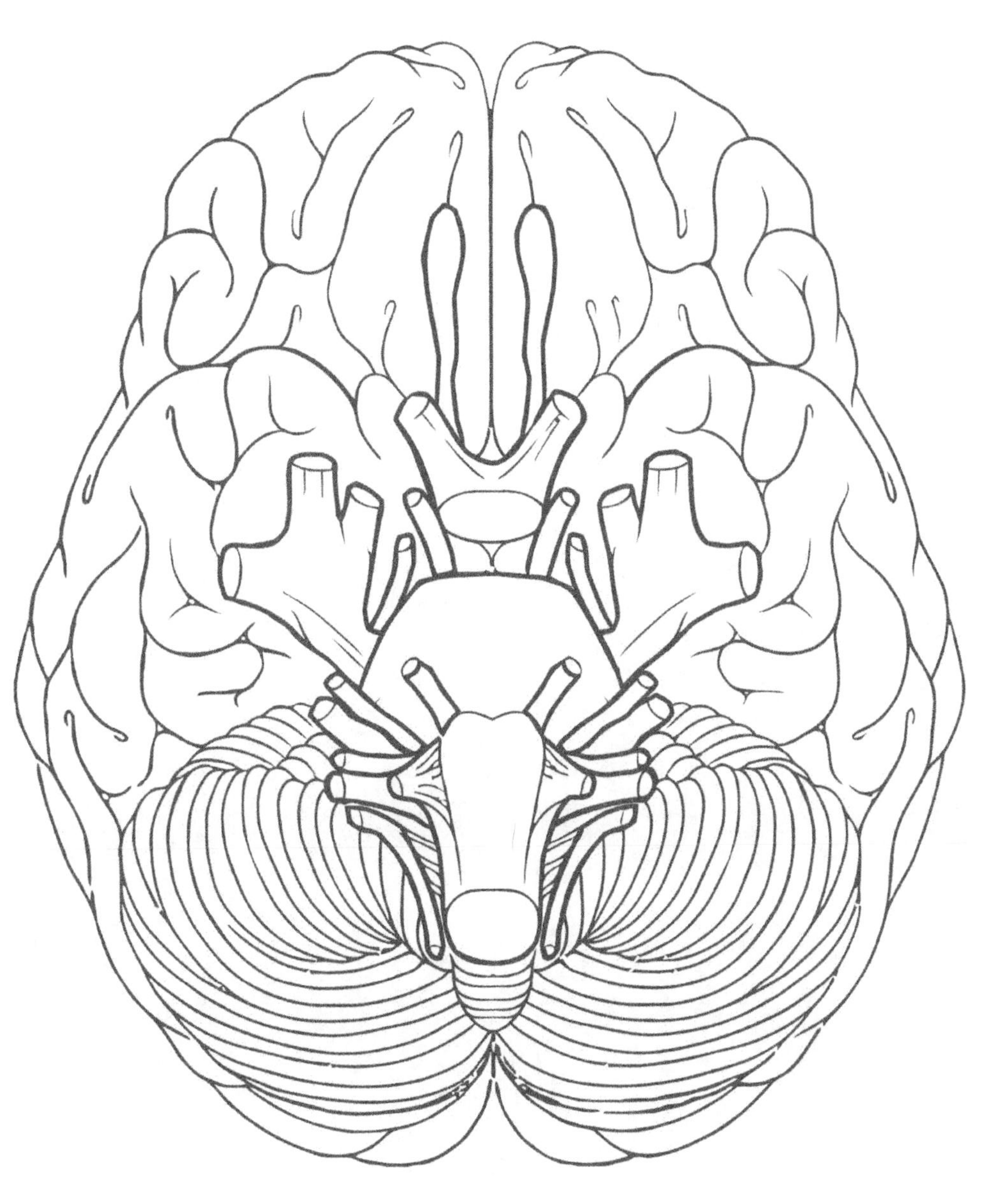

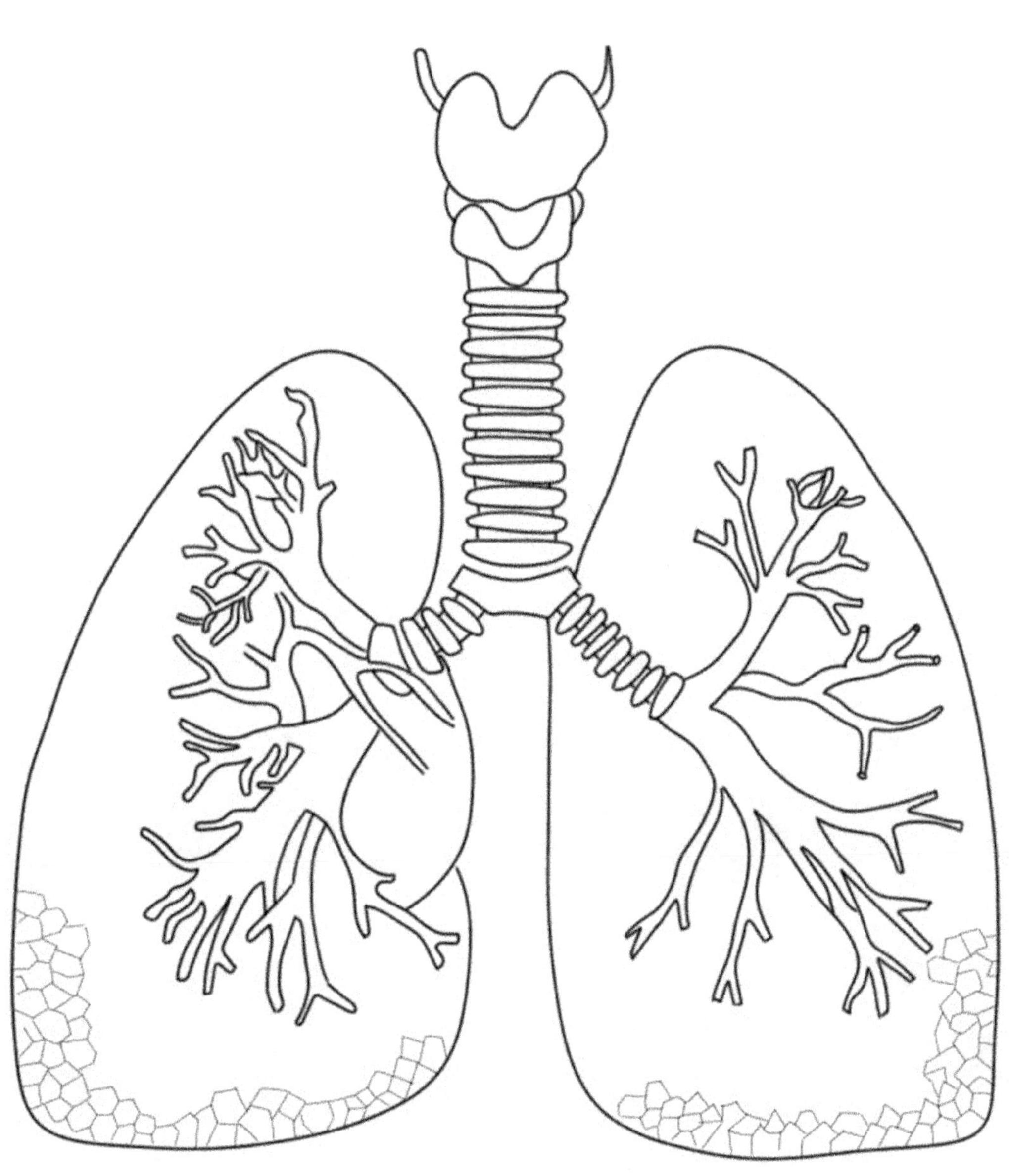

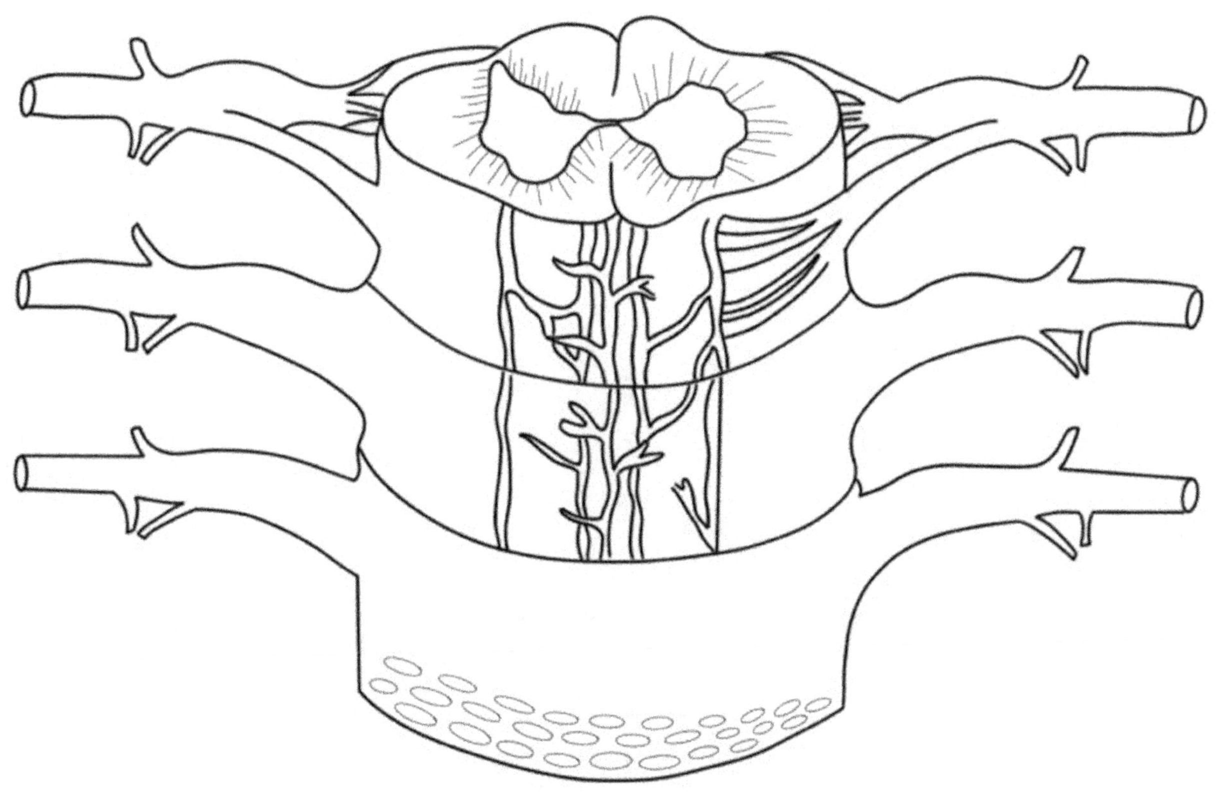

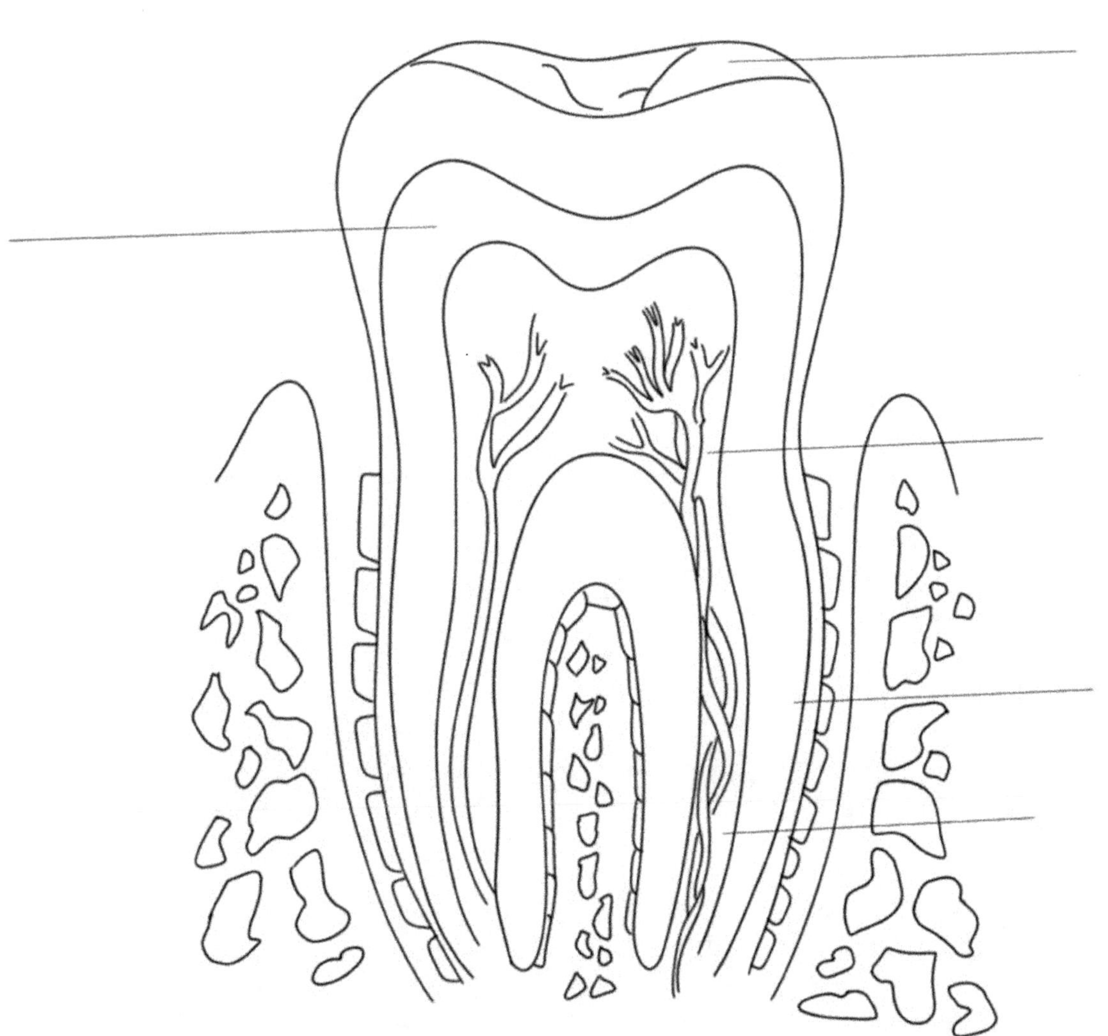

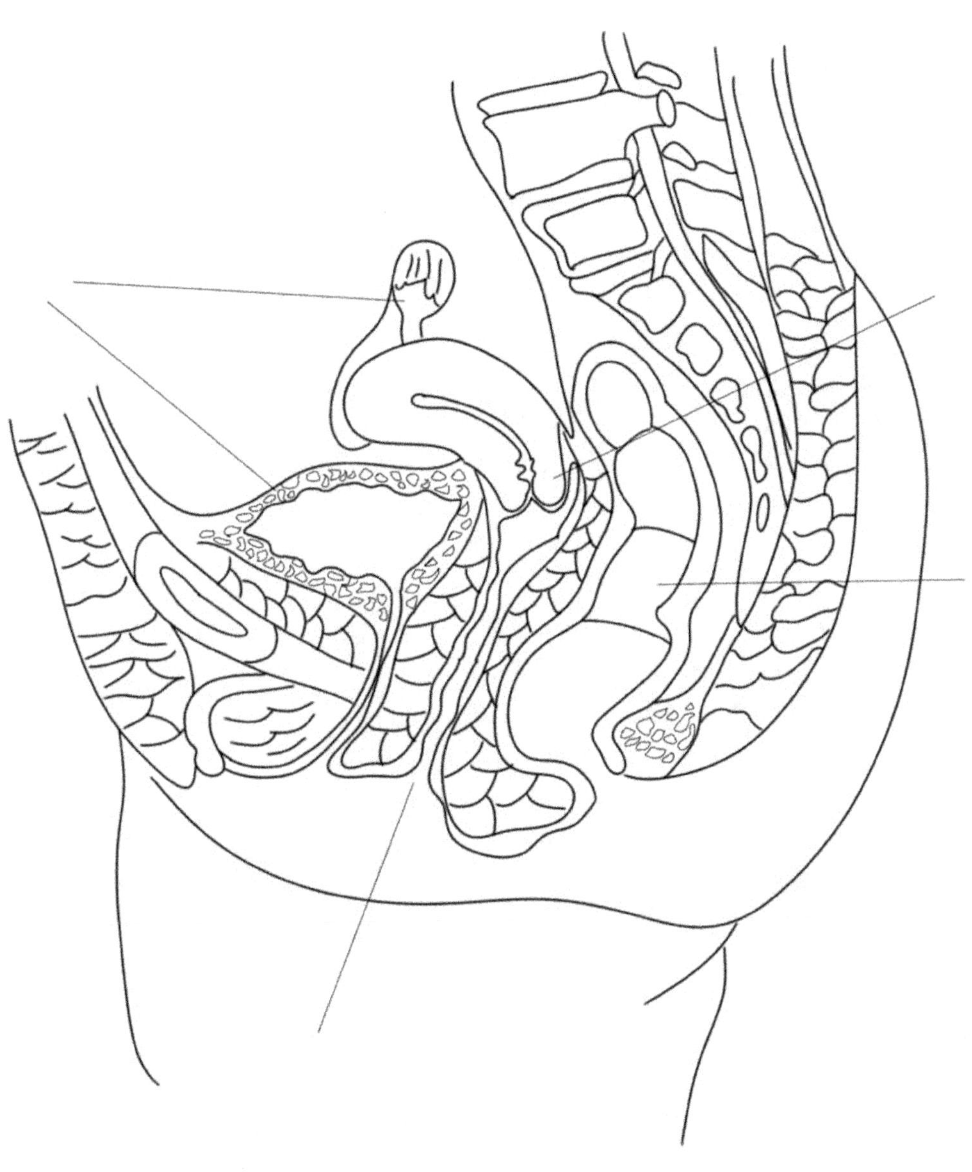

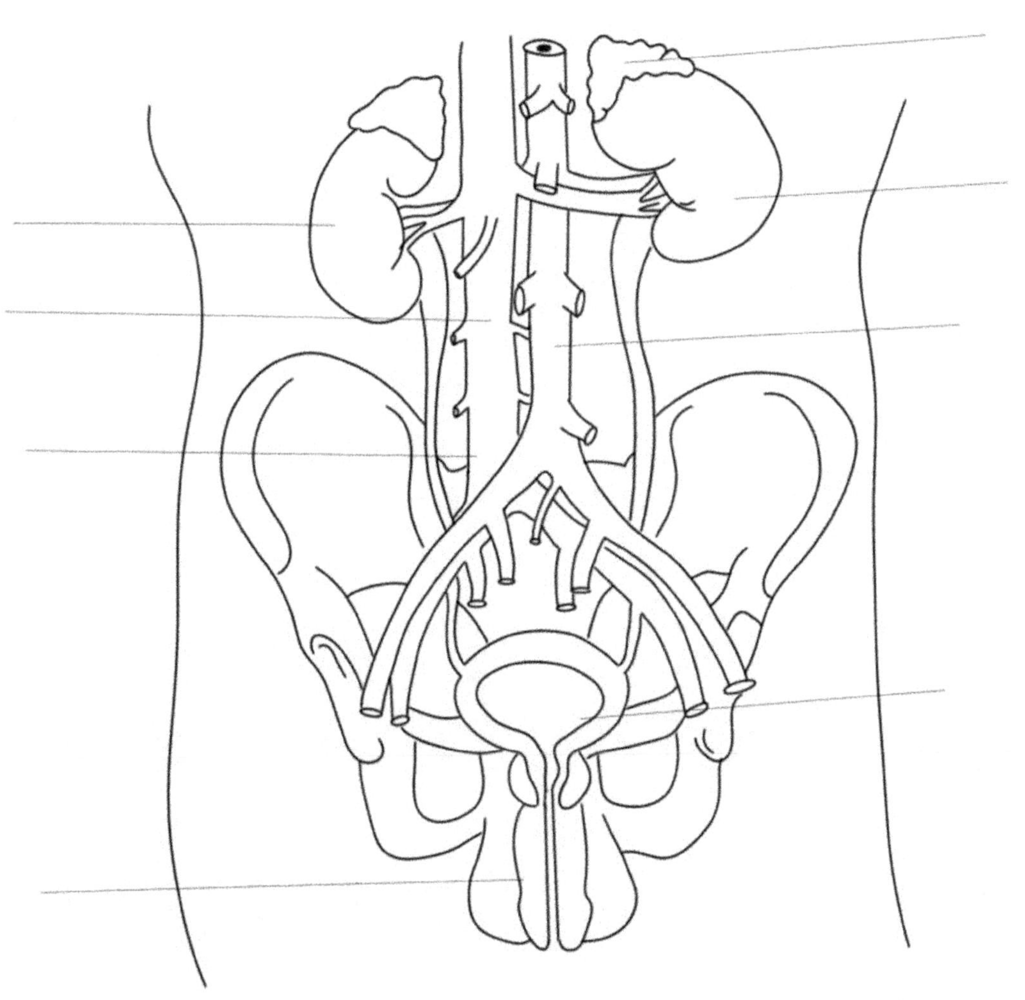

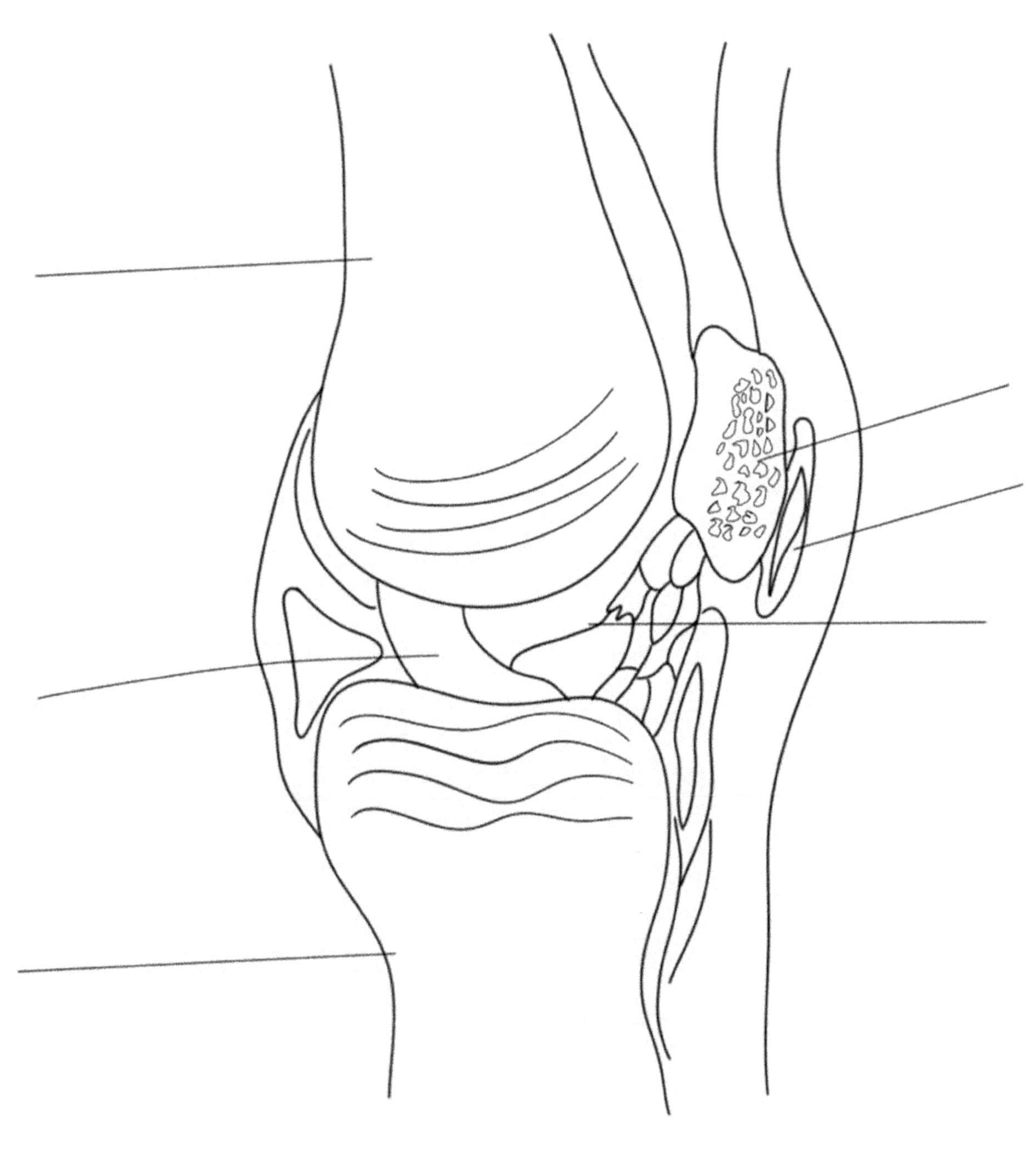

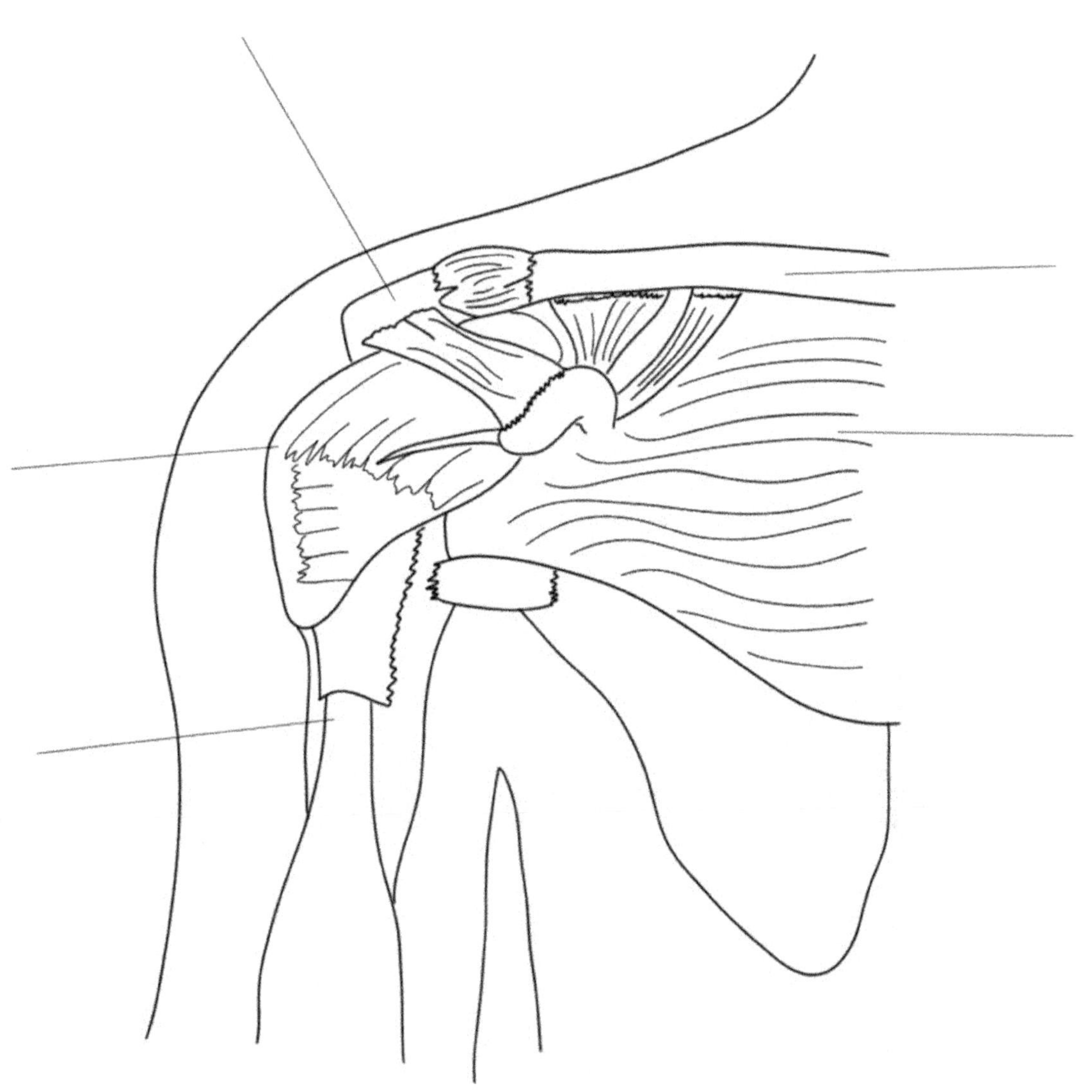

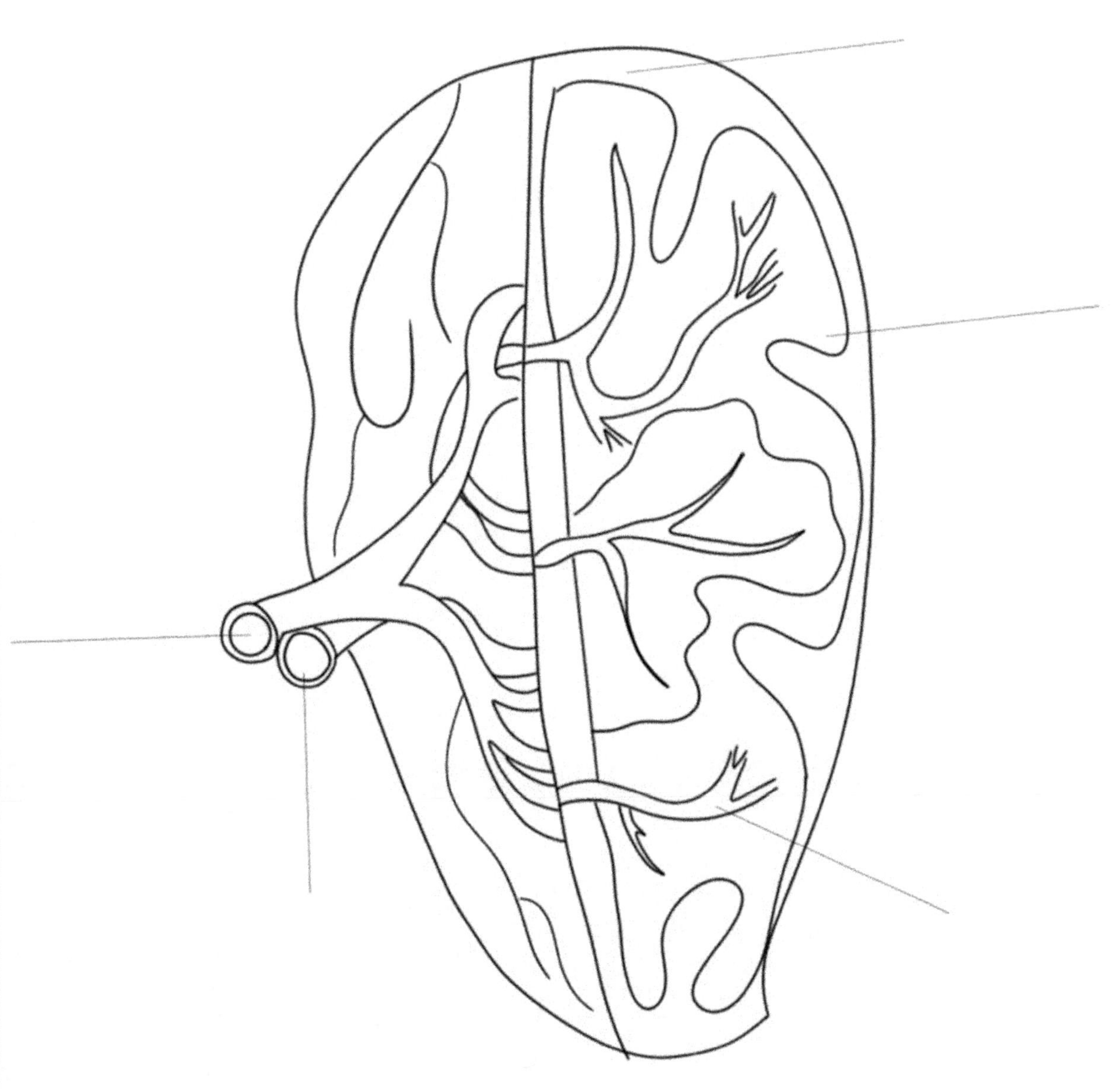

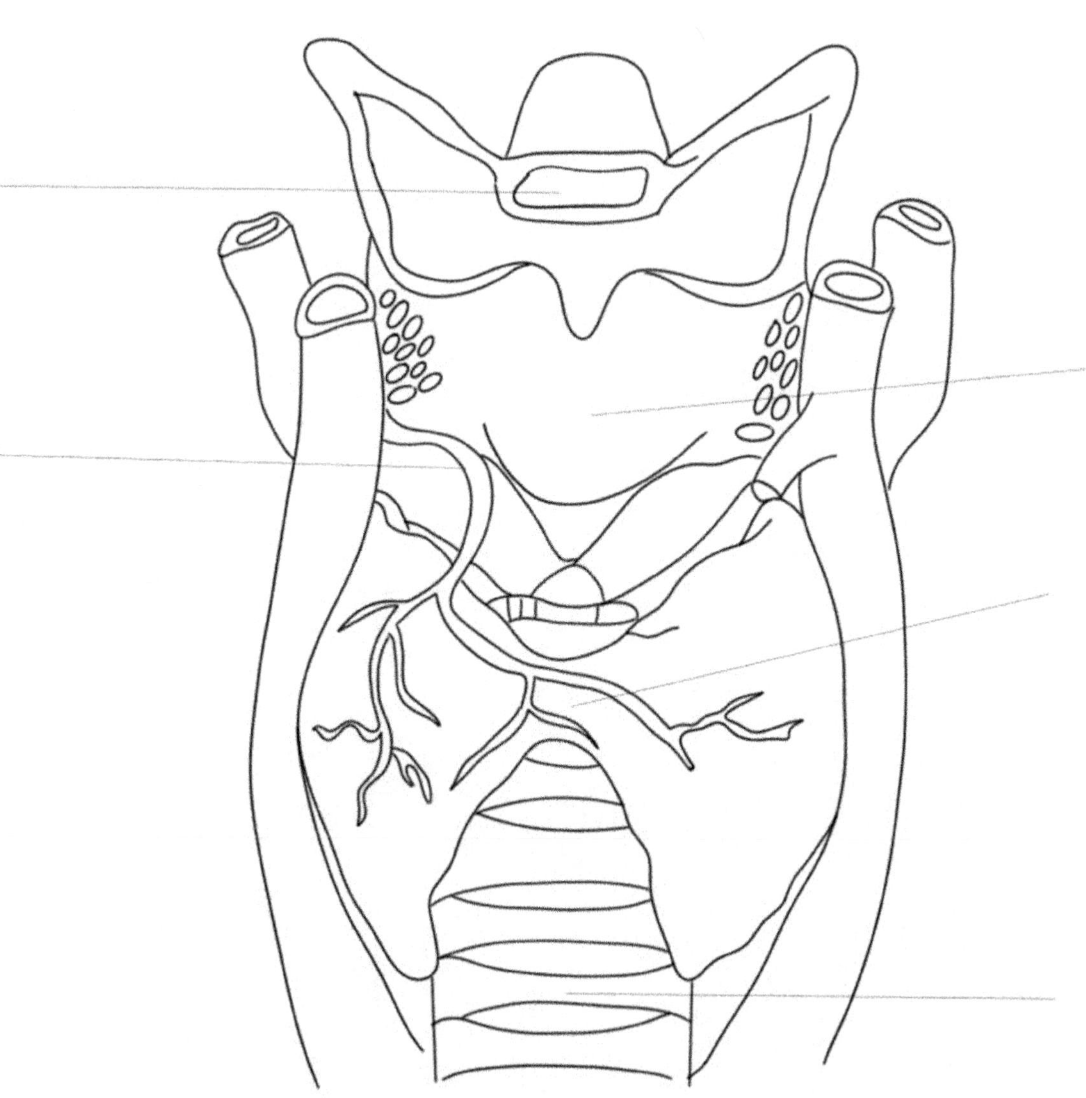

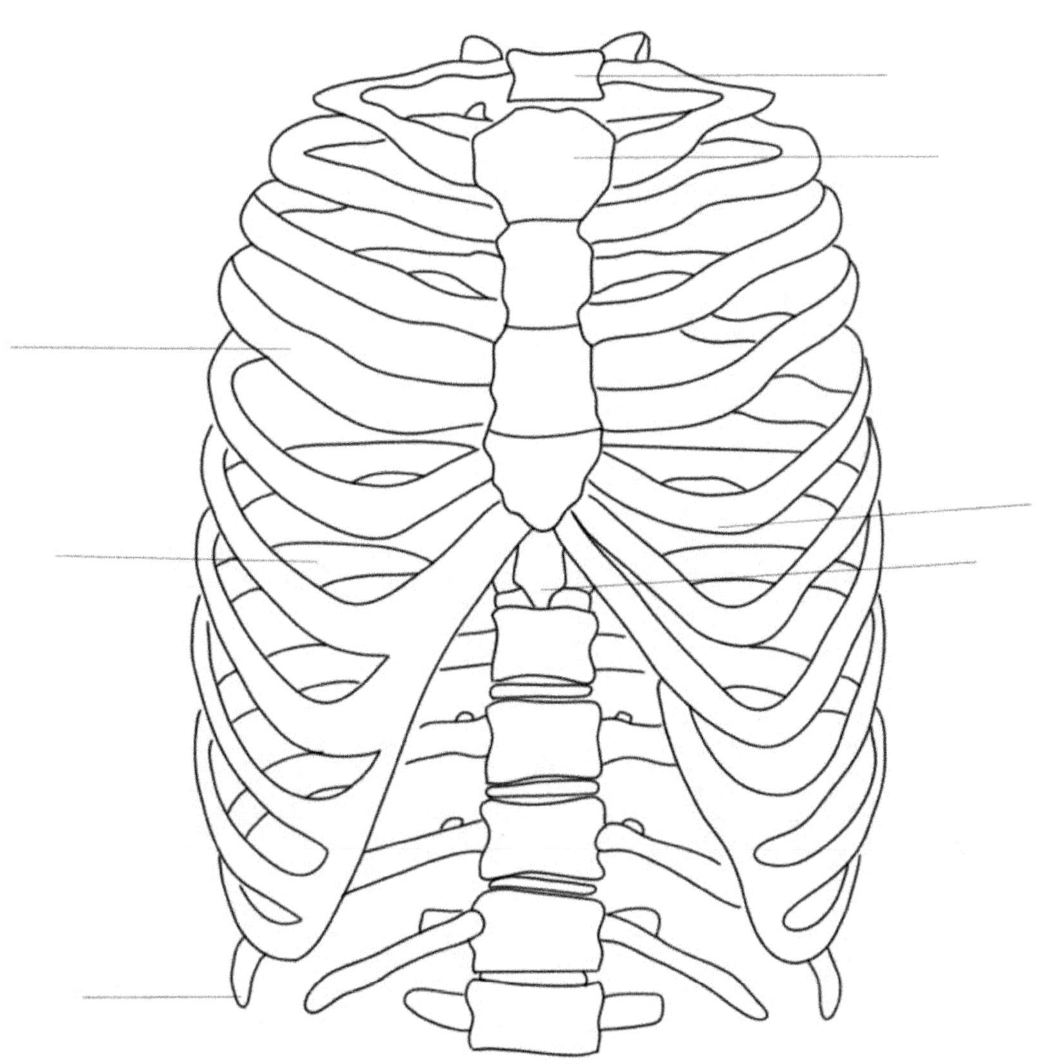

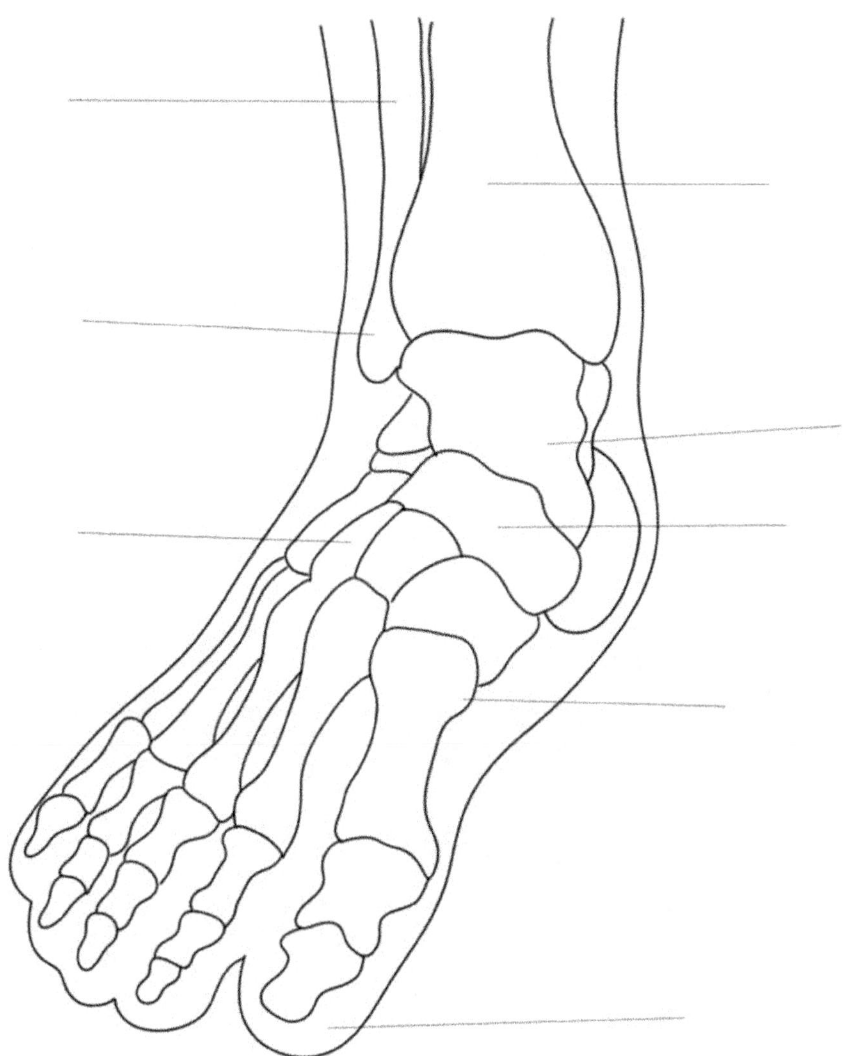

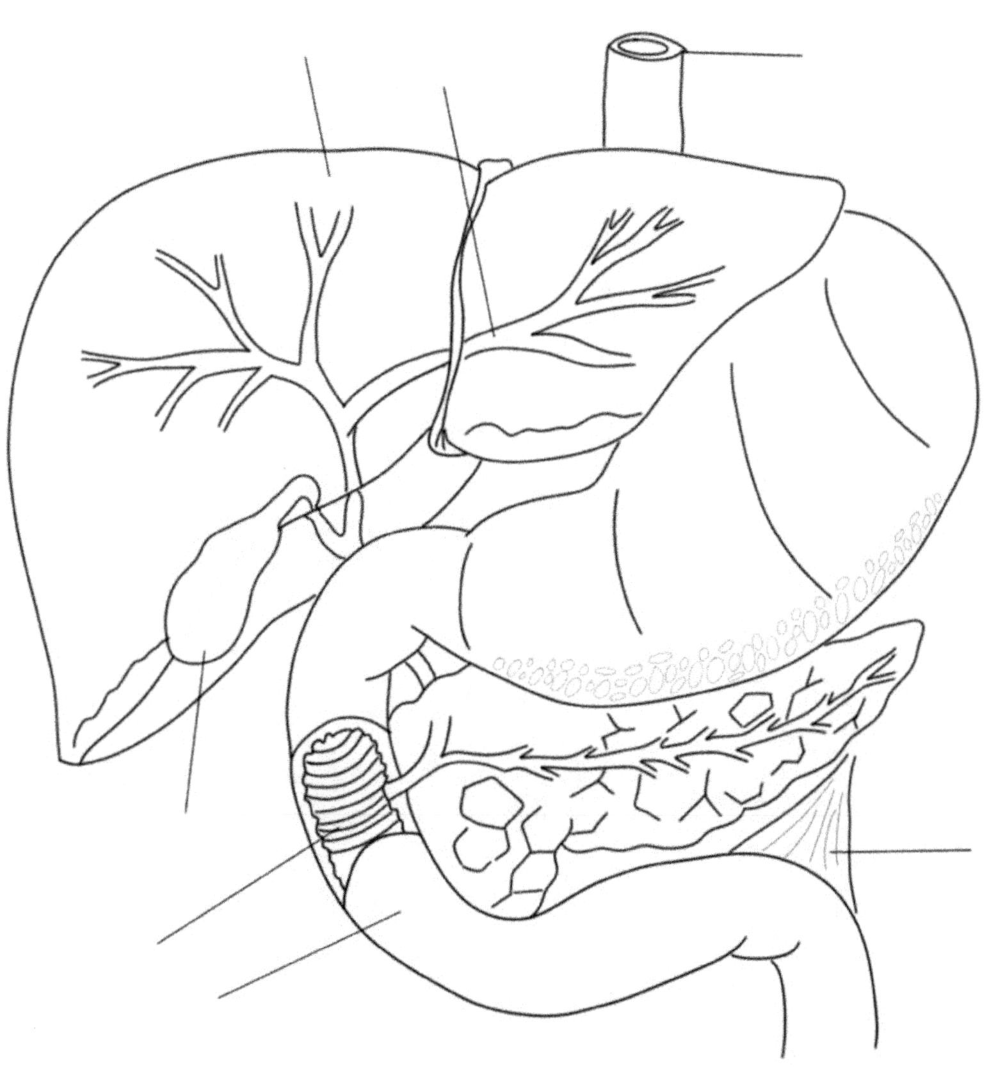

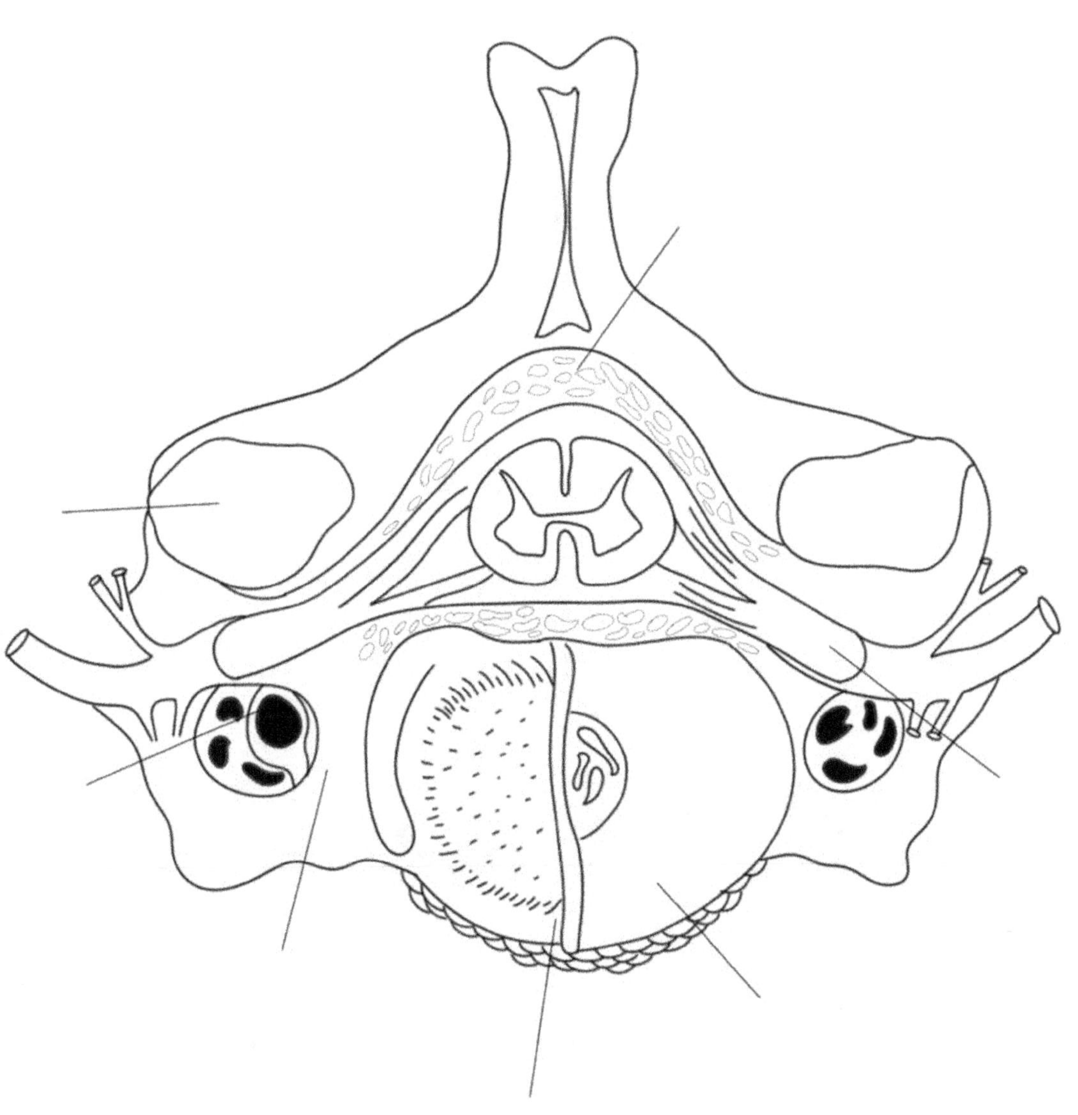

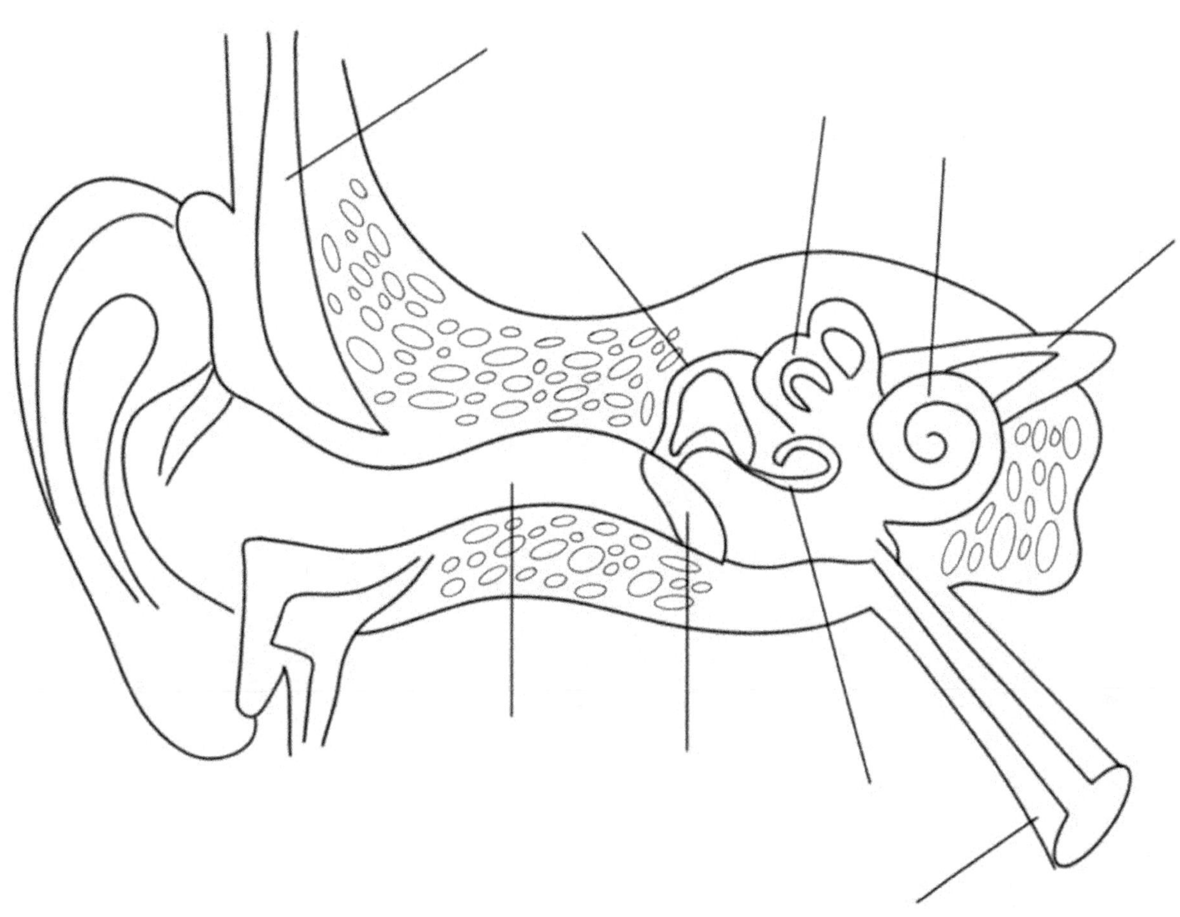

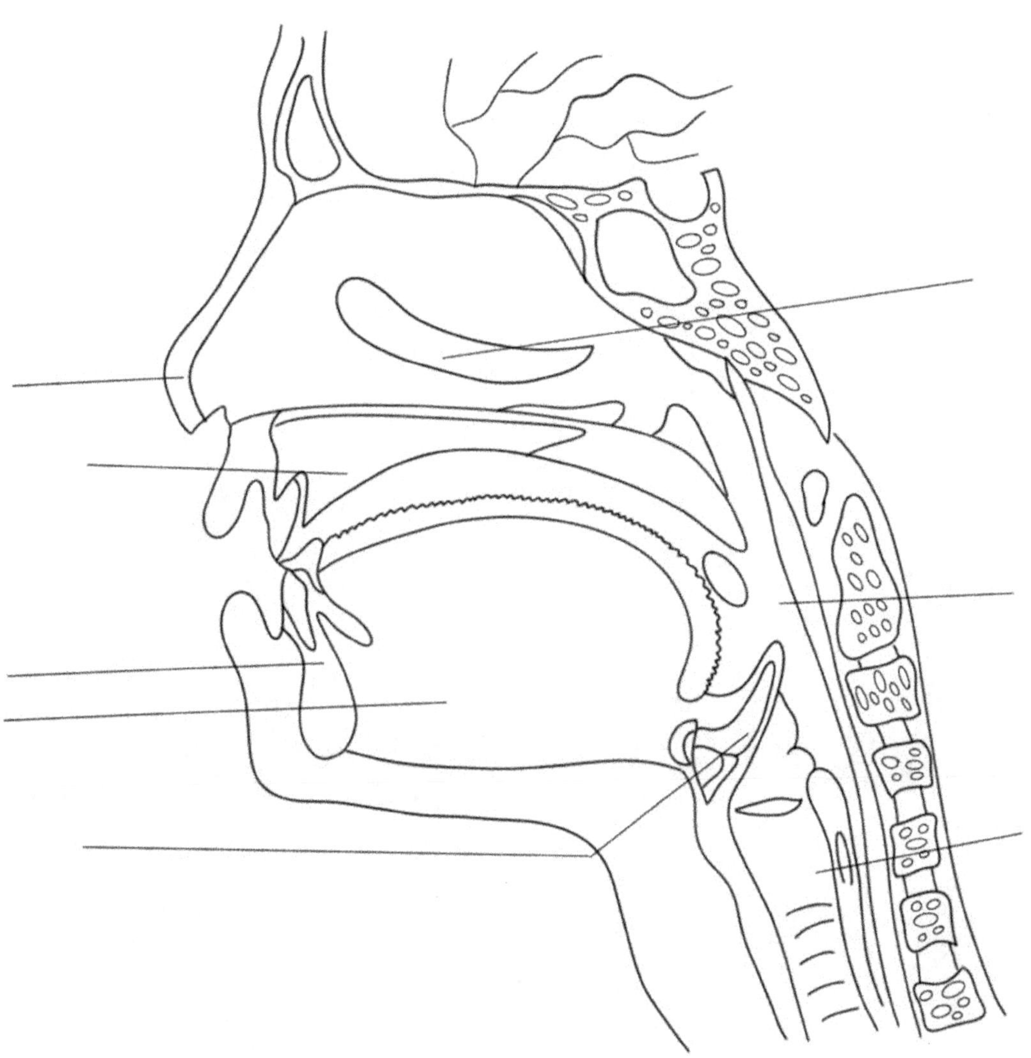

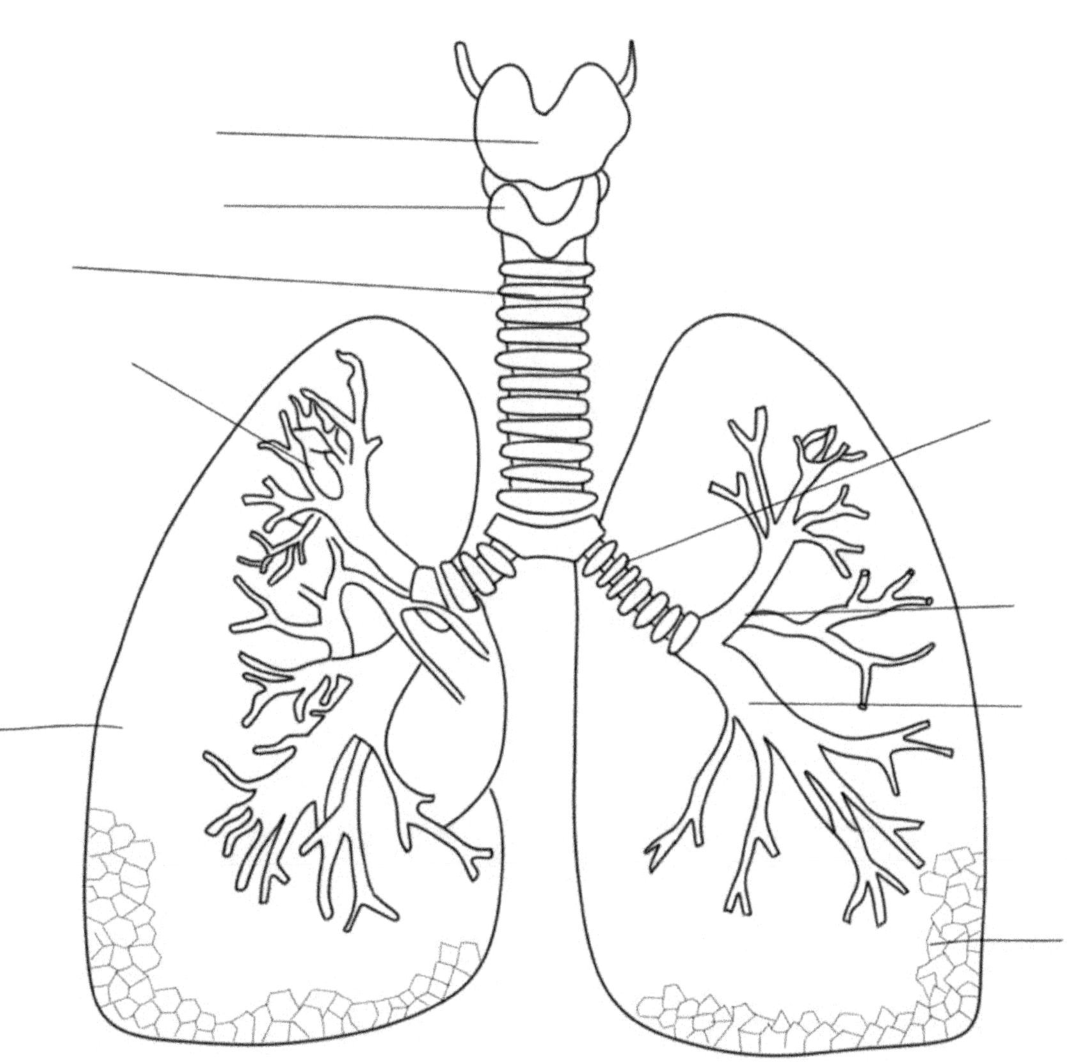

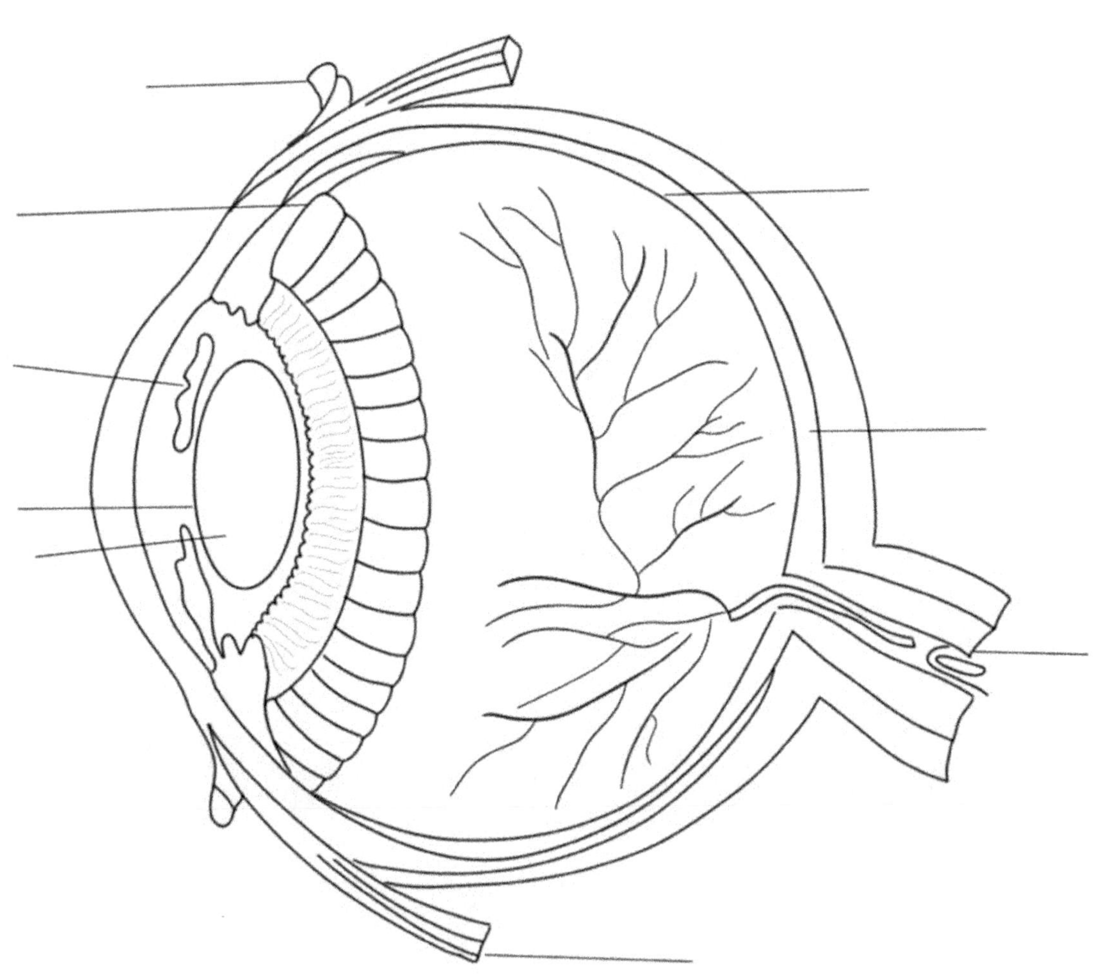

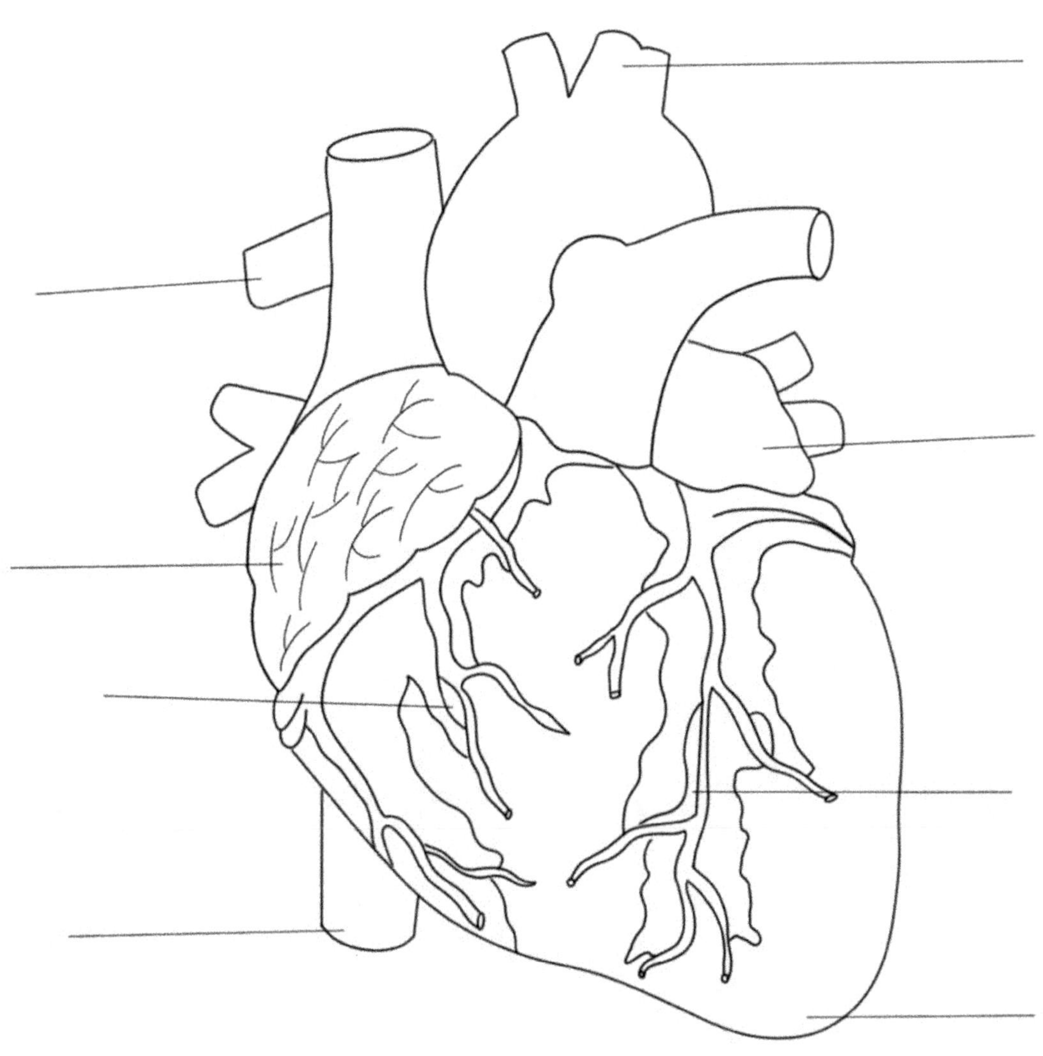

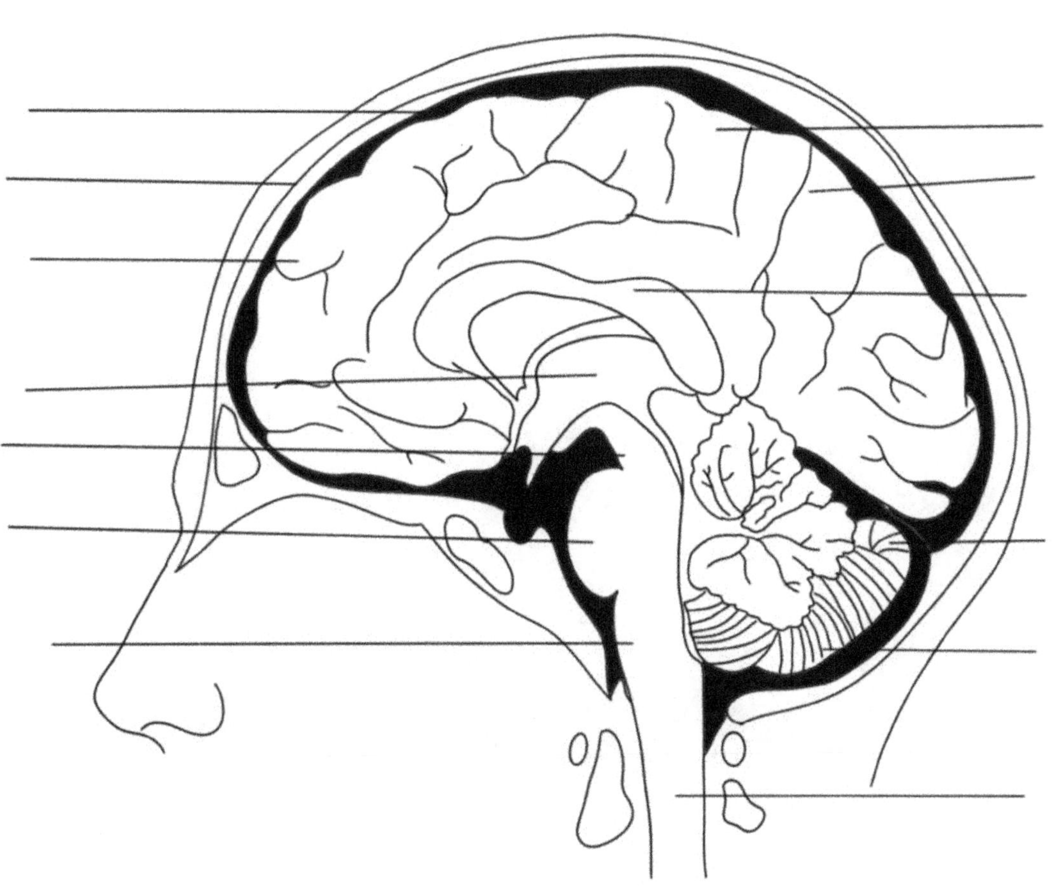

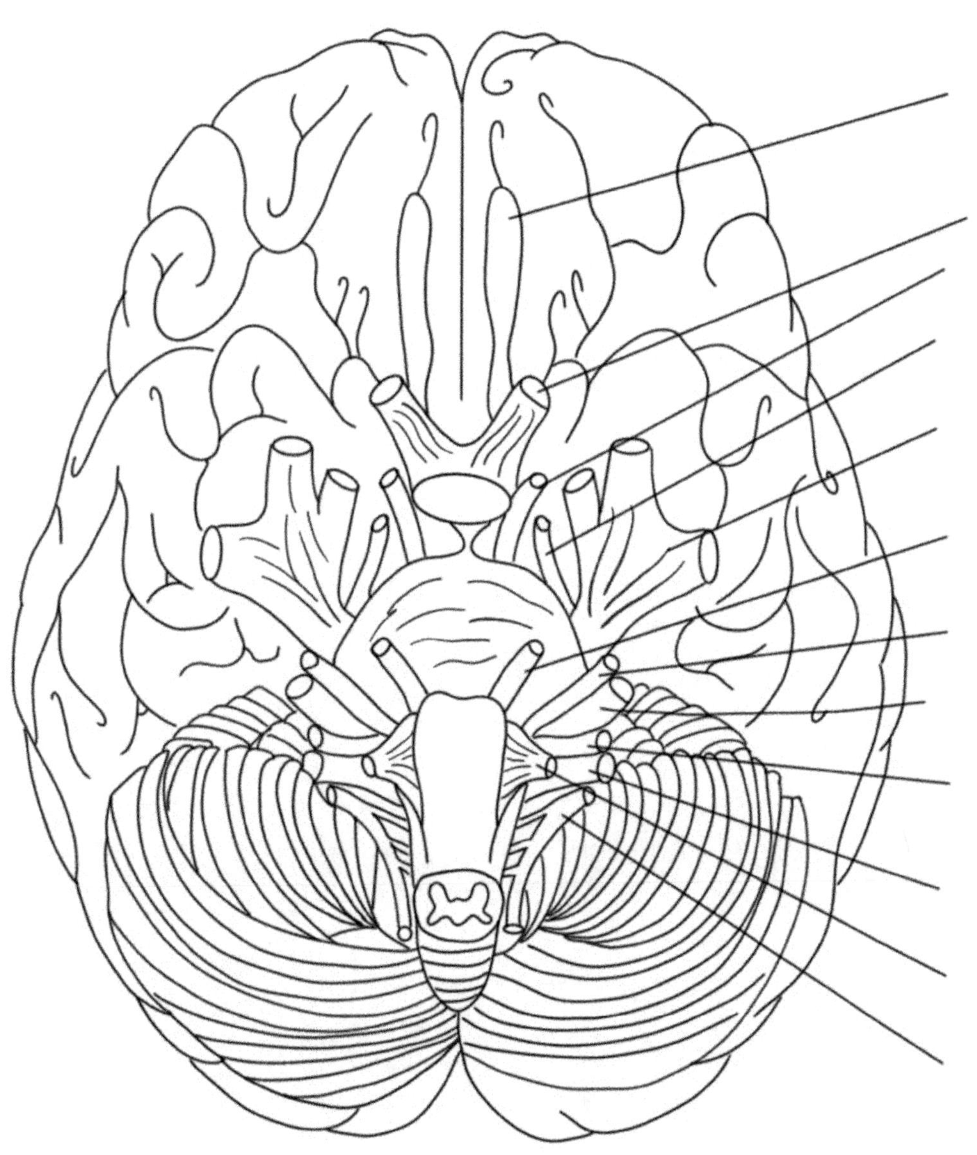

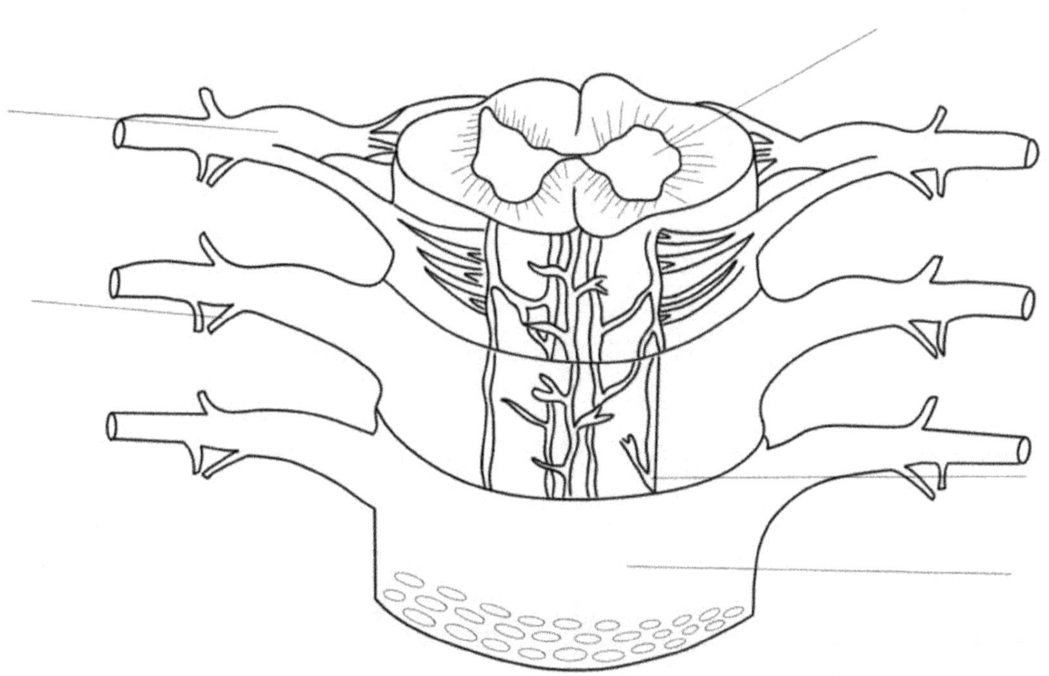

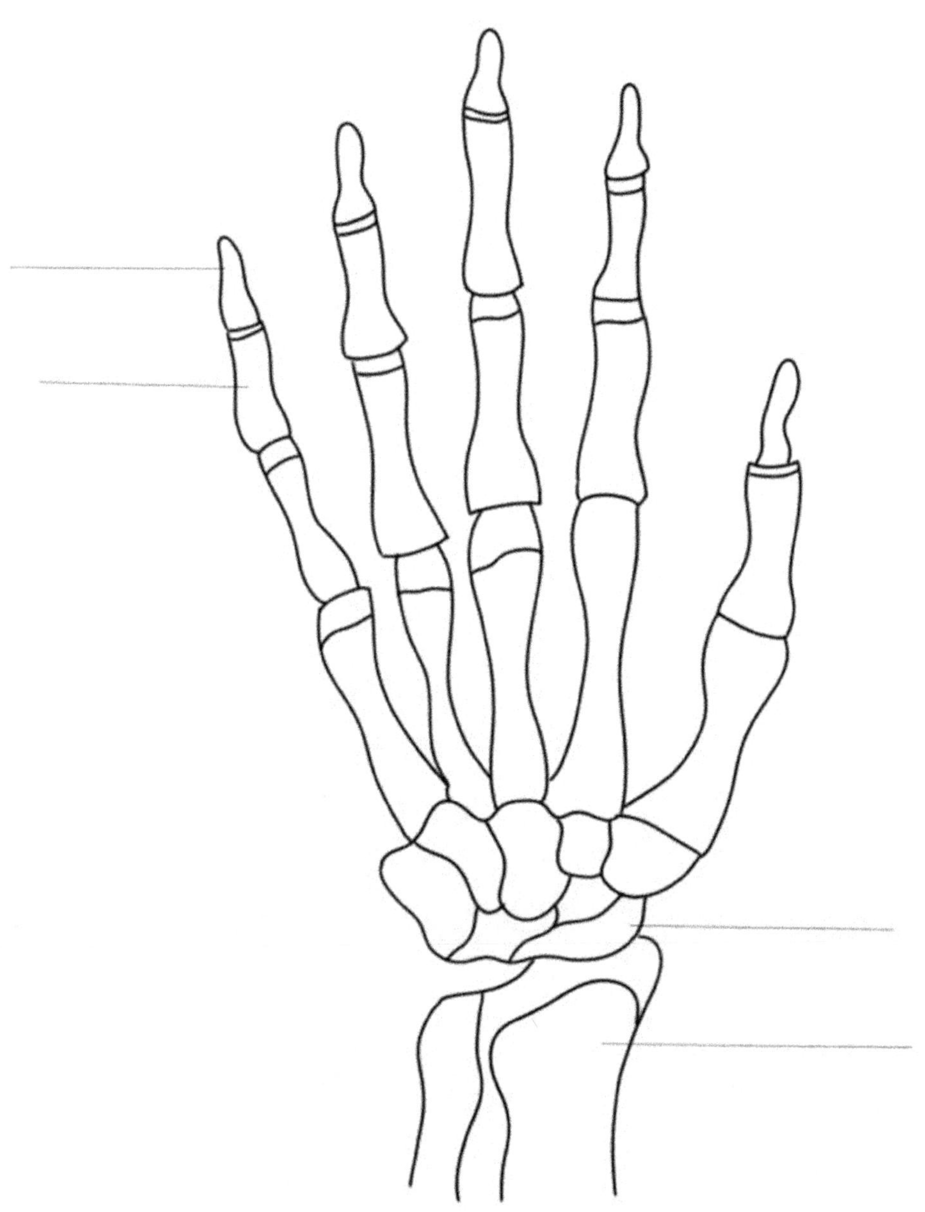